被教育照耀的日子

王萍◎著

长江出版传媒 长江文艺出版社

图书在版编目（CIP）数据

被教育照耀的日子 / 王萍著. -- 武汉 ：长江文艺
出版社，2024.5
　（大教育书系）
　ISBN 978-7-5702-3576-6

Ⅰ. ①被… Ⅱ. ①王… Ⅲ. ①小学教育－文集 Ⅳ.
①G62-53

中国国家版本馆 CIP 数据核字（2024）第 098772 号

被教育照耀的日子

BEI JIAOYU ZHAOYAO DE RIZI

责任编辑：李婉莹　　　　　　　　责任校对：毛季慧
封面设计：天行云翼·宋晓亮　　　　责任印制：邱　莉　杨　帆

出版：长江出版传媒｜长江文艺出版社
地址：武汉市雄楚大街 268 号　　　邮编：430070
发行：长江文艺出版社
http://www.cjlap.com
印刷：湖北恒泰印务有限公司

开本：710 毫米×1000 毫米　　　1/16　　印张：14.25
版次：2024 年 5 月第 1 版　　　2024 年 5 月第 1 次印刷
字数：218 千字

定价：49.00 元

目 录

第三章 行走在教育现场

第六章　生活在诗意人生

代序

小孩童话与教师寓言的对话：
王萍校长的那束光

——成尚荣

武汉光谷注定是个发光的地方。创想、创新、创造在这里诞生、发展，并发出持久的、不断放大的光。

办在光谷的第一小学也注定是个发光的地方。孩子们在发光的学校里成为发光的人，将把光和热献给光谷，献给家乡，献给祖国。

当然，光谷一小校长王萍也在光谷里，和孩子们、老师们一起，都成为发光的人。更为可贵的是，王萍校长又以自己的光照亮孩子、照亮老师。学校、孩子、老师都在王校长的带领下，走向更大的世界、更灿烂的未来。也许，那时候所有的学校都会成为一个个"光谷"。

其实，王校长的光是被教育照亮的，是教育之光。而教育之光又和光谷之光融合在一起，相映生辉，于是，她所带领的学校就沐浴在光辉之中；于是，她成了自带光芒的人；于是教育也被再次照亮，更加绚丽。我们不难理解王萍校长这本书的名字"被教育照耀的日子"诗意中的深意。

王萍校长以教育为家。学校与家有着高度的相关性甚或是一致性。家的主人与学校的主体，家的和睦与学校的和谐，家的亲情与学校的师生之情，家的温暖与学校的温度，尤其是家庭育儿与学校育人完全吻合、一致。但是要做到以教育为家还真不容易，而王萍做到了。她全身心投入，为了学校，以校为家："办一场持续365天的校庆"，成为"叫出学生名字最多的人"，"年级分校"，"未尽之美"，如此等等，都是她的教育情怀、志向、责任与使命的生动体现。她告诉我们，教育家以教育为家，校长也要以教育为家，这样的校长以自己的行动弘扬了教育家精神。王萍是个榜样。

王萍校长以求真为灵魂。求真，求真实，求真诚，求真理，求光明，这不仅是一种精神，也是一种科学态度和专业标识。求真，在王校长所领导的学校，老师们潜心研究，深入探寻和准确把握教育规律，将学生发展规律、社会发展规律与教育规律整合在一起，促进学生科学、全面地发展。求真精神也深刻地体现在王萍的语文课堂教学中，课堂成了学生求真精神的发育地，成了精神摇篮。久久为功，求真，在光谷一小不是一个理念，更不是一句口号，而是在行动中塑造了学校的灵魂，犹似一盏明灯，照亮了校园。

王萍校长以儿童为友、为师。王萍心里满是儿童，儿童成了她心灵的朋友，其实她心里一直住着一个儿童。儿童给了她赤子之心，给了她无限的想象，也给了她永不消逝的诗意。诗意体现在三个方面。一是她秉持乐学理念。儿童是快乐的小鸟，快乐是儿童的表情，因此，要"把学习变成一种愉快的游戏"；"越简单，越快乐"，"孩子是天生的玩家"，有了"会玩很酷"的酷玩节，甚至"哭笑亦成长"。二是让细节美丽起来。细节让教育具体，也让教育鲜活起来。细节就在教育的生活中，无论是"天真烂漫是吾师"，还是"风雪中最可爱的人"；无论是"落叶上的童心诗意"，还是"最冷的天，最暖的粥"，无不彰显了细节的力量。顾明远先生"教书育人在细节中"的理念在光谷一小得到了印证，也得到了发展。三是见儿童即见未来。有儿童就有未来，儿童即未来。为什么一间教室能承载一切可能？为什么橙黄橘绿时，会有儿童喜欢的课？……那是儿童带着我们奔向未来。未来虽然不确定，但最为确定的是儿童即永远美好的未来。王萍不仅以儿童为友，还以儿童为师，这才是真正的儿童立场。

王萍校长以阅读为枢纽。阅读是人生的关键，更是儿童发展的基点和支点。从某种意义上看，教育就是要教会学生阅读，阅读自己，阅读他人，阅读人生，阅读整个世界。王萍把阅读当作"生命的沉湖",比作"我的眼",在阅读中将陌生转化为熟悉,在阅读中发现心灵。在阅读中一切都可能会发生,包括创造的奇迹。王萍是终身阅读者,因而是终身学习者和永远的发现者。在阅读的王国里,儿童怎能不会演诵呢?学校怎么不会变成风景呢?儿童怎么不会去获取互动、交换的快乐呢?一切未尽之美,都将会在儿童的阅读与创造中完善起来、美丽起来、闪亮起来!

我们从王萍校长的书中看到了光谷一小一粒粒、一颗颗"谷粒成长"。这一粒粒、一颗颗,将会编织出小孩的童话,而王萍和她的老师们将会诞生教育的寓言。所以,被教育照耀的日子,都是小孩童话与教师寓言的对话,那是一束束光,照亮孩子、照亮老师,照亮学校、照亮光谷,乃至照亮四面八方。这一切,都和王萍的那束光交织在一起,成为未来的光源。

向王萍校长致敬!

追寻在理想学校

一束束光照亮每一个孩子，一束束光擦亮每一间教室，一束束光点亮校园四面八方，让每个孩子都散发独特的光芒，看他们会带我们去到多远的地方。

年级何以办学校？

——"年级分校"自治的结构、机制与制度探索

近年来，随着适龄学生入学数量和班级数量的持续增长，较大规模的学校治理成为教育高质量发展不可回避且亟待解决的重要命题。从目前已有研究来看，权力重心下移、激发中层活力、形成整体动能成为规模较大学校善治的基本共识与经验做法。而作为一所拥有 105 个教学班、5482 名学生和 302 名教师的区域品牌学校，武汉市光谷第一小学（以下简称光谷一小）也在年级分校层面探索纵横交错的组织结构、构建多元共治的运行机制、制定切实可行的评价制度，以释放年级分校自治的内在潜能，进而驱动学校走向更高质量的提档进阶。

一、纵横分合，设计"五脏俱全"的年级分校结构

作为学校中层的重要组成部分，年级分校（组）既与决策层的党组织、校长办公会、教代会，操作层的班级、教研组、备课组、德育组等机构之间形成了管理层级上的纵向关系，也与课程管理中心、学生成长中心、后勤保障中心等职能部门存在相互协调的横向关系。在此纵横交错中，年级分校如何有效做到承上启下、左右衔接，直接关系到学校各项中心工作的质量。为此，光谷一小依循分权共治思想，通过纵横分合的方法，组建了六个年级分校管理团队，以便把"权力下沉到离师生最近的地方——年级"。具体来说，主要包含两个方

面的工作。一是"分"——把纵向关系的行政干部分配到不同的年级分校。这一方面是为每个年级配备一名校级干部全面支持、协助，以便整合资源，整体统筹协调年级各项工作；另一方面是根据分管工作、任课或年级需要，把学校六大中心（党群服务中心、课程管理中心、学生成长中心、教师发展中心、信息资源中心、后勤保障中心）的行政干部调配到六个年级分校，以保障各个年级分校有效落实各个中心工作。二是"合"——把各个年级分校的年级主任、备课组长、德育组长、信息官等组合为年级分校的三大部门（即教育教研、活动实施、日常督查部门），以协调负责相应事务。（如图1所示）

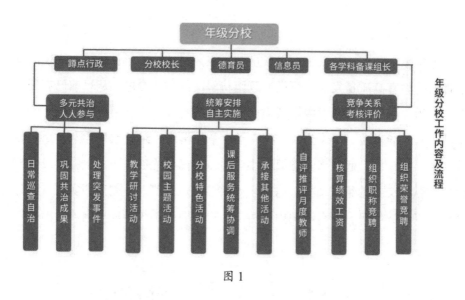

图 1

从图1中可知，年级分校具有"麻雀虽小，五脏俱全"的特征，人员组成上既有校级干部、各中心行政干部，也有年级分校管理层，这为学校各项中心工作的有效落实提供了重要载体。譬如，学校每年十月开展的"演诵节"活动，首先由学生成长中心总体策划活动方案，包括主题、内容、形式及评价等各方面工作的拟定与商定；其次，在人员分工方面，由各年级分校自选活动主持人，信息科技老师提供信息技术支持、音乐老师提供表演专业支持、体育老师提供队形排列支持；最后，在具体实施中，各个年级分校团队成员齐上阵，在年级分校校长的带领下，各司其职，合作完成分校的整个活动。由此可见，年级分校的组织结构不仅较好地解决了以往纵向的宏观管理和横向的微观执行之间存在"真空地带"的难点，也可以有效回避各中心做活动或工作总体规划与工作执行存在"两张皮"的问题。

二、多元共治，构建"人人参与"的年级分校运行机制

纵横关系协调的年级分校结构的意义呈现，需要有与之相契合的理念、内容和方式跟进。为此，光谷一小主要构建了"人人参与、分工合作"的年级分校运行机制。具体表现为以下三个方面：

一是在日常教育教学管理工作方面，采取坚持标准、鼓励创新的年级分校自治理念，即在学校工作的总体安排下，年级分校明晰自身年级教育教学工作的基本内容和标准，并依据各个年级自身实际特点对具体工作落实进行细化、完善或创新。譬如，围绕一日常规中的四大基本内容——课堂教学、清洁卫生、行规秩序、课后服务，各年级分校月工作会议讨论各自工作的目标、标准、方式及其专项或重点。具体来说，基于一年级学生的身心特点与幼小衔接的基本要求，把一年级孩子们的行规口令和课堂管理两个方面作为行规管理专项进行训练和强化；二年级重在巩固上学期"好好吃饭"的成果，开启"好好阅读"的新活动，设计流动书卡，午读半小时；三年级巩固"好好走路"的成果，打造学校"好好走路"示范年级；而四、五、六年级则迅速高标准落实常规，全面开启新学期的"好好阅读""好好交友"两项主题活动，做出样子，做成常规。显然，因为人人参与，少了传达、培训等管理流程，程序简单、流程清晰、标准一目了然，所以能最大限度地让管理变简单，最大限度地减少管理。

二是在教育教研工作方面，坚持学科统筹安排，年级分校自主实施的方式。学科教研工作是学校教学工作的重要组成部分，也是保证课堂教学质量的重要前提。为此，光谷一小采取了学科组、备课组、德育组与年级分校协调并进的思路，即学科组长负责统筹全校不同年级的教育教研工作安排，在此基础上，各个年级分校以此为样本，开展本年级不同学科内部的教研、备课、德育工作。比如一年级分校秋季开学校园主题课程，由一年级分校语文、数学、美术等学

科老师共同参与，分别从我的学校、班级、自己、同学、老师五个方面以图文并茂的方式展开。目前，这五个项目已经完成，成果也正在以专题展示、主题班会、作品展览等方式呈现。另外，学校主题教研活动的时间、主题研究方式，进行年级分校或错时开展，如六年级上学期项目式学习主题"建筑的前世今生"发端于语文非连续文本阅读单元学习期间，项目中有数学、美术等学科，于是，六年级这三个学科的教研主题聚焦这一项目：参访中国建筑科技馆，绘制自己的参观路线并设计解说词，是语文学科的研究内容；了解应县木塔的结构及形成，是数学和科学老师带领孩子们共同完成的；而整个活动的设计、实施及成果展示，是由六年级分校独立完成的。由此可见，每个年级的不同学科教研活动的统筹、协调便成了年级组的重要工作任务。

三是在日常工作的检查方面，采取人人参与的年级自治检查模式。对于学生规模较大的光谷一小来说，每天大量的日常工作落实情况如何？年级与年级之间、同一年级的不同班级之间是否有执行落差？这些监测与把控工作直接影响着学校教育教学工作的科学、有序开展。光谷一小在审视分析上述工作的属性、特征的基础上，采取了以年级分校为基本单位的"人人参与"的年级自治检查模式，以便客观、全面地了解学校各项日常工作的落实、落地效果。具体来说，是在年级内将全体老师组成几个四人团，以月为单元，每日排班。老师以发现者的眼光为出发点，进行每天日常"巡查"。于是，我们在学校办公OA"人人通"平台的"日常巡查"中进行"即查即评"。老师们用拍照的方式记下看到的师生互动的课堂、午读安静的教室、秩序井然的课间，标注下场景所在地、所在时刻——××班××学科。刚开始大家好像并不在意，但一段时间后，我们发现这样的课堂、行为或场景越来越多，每天四人团团长会在年级分校群里做简单的小结分享。这种由一线教师进行的自我检查不仅很好地摆脱了严格控制教师行为之嫌，也避免了表里不一（而且形式上的检查与评价挂钩，表面情况与实际效果是大相径庭）的现象出现，从而迅速建立起整个年级的教育教学秩序。尤其是每学期的第一个月作为制度固化月，给了大家学习练习改善的时间和机会。因此，这种"人人参与"的治理模式不仅大大减少了管理环节，而且能让老师们一起将制度的最后一公里走完。

三、竞合关系，优化"权责利"统一的年级分校评价制度

一套科学、合理的年级分校工作的考核评价制度是年级分校自治不可或缺的重要内容。然而，什么样的年级工作考核评价指标与赋分原则，才能够得到每个年级教师的认可与遵循，又可以客观、真实地呈现教师工作表现与实际业绩？这是一个需要经过专业探索和实践修正的重要问题。

一是以团队目标为驱动，制定年级分校考核评价办法。

评价团队才能形成团队。在学校众多评价中，我们首先讨论出台了年级分校的考核评价办法，从疫情防控、一日常规、年级活动、学生安全等几个方面进行细则描述。优胜者的全组成员在个人业绩成绩中均加相同分值，而且优胜者可以获得更多的评优评先指标，因此以团队目标为价值导向，年级与年级之间的隐性竞争实际上是与教师个人业绩息息相关的。思想不容易统一，但目标容易统一，于是，在年级分校内的常规工作、年级活动中大家目标明确，集思广益，密切配合。尤其是疫情期间，各种防控信息的上报、追踪、完善，学生晨午检等，分校内比进度、比完成率，充分发挥了团队力量。一个大校，近五千名师生的信息统计工作能在规定的时间内高效完成，与团队评价息息相关。与教师切身利益相关的绩效工资、职称竞聘、评优评先等均先经过年级分校内部民主推荐或考评后，再到学校层面进行集中评议。只有将年级分校"权责利"相对完整地下放，工作的积极性和内动力才能得以释放或激发。

二是以评价个人为引领，开展年级分校工作的自评与他评。

评价个人才能引领团队。任何一个组织都要有自己的荣誉体系，因为不是每个成员的价值都是显性外在的，所以组织的价值导向需要优秀的个人来引领。我们设计了按比例每月评选月度教师的制度，评选条件是本月里在教学教育、活动管理、课程建设、家校沟通等方面做出了成绩或贡献，采取"老师申报—在年级分校会上竞聘—分校管理团队集中评议—学校复评公示"的评选流程。这是十一月六年级分校月度老师公示后的大家发言："用同伴的眼睛发现个人的更多优秀，不仅增强了竞聘成功者的自信心和荣誉感，而且发现的过程

也是形成团队外显价值的过程——凝聚团队积极的价值共识。"一年来，每月有近二十位老师，总共有一百六十多位老师成为学校名师路上"最闪亮"的人。学校聘请专业摄影记者，为月度教师拍摄照片，做成光鲜、耀眼的"月度教师"宣传栏，让普通老师通过个人努力成为当月学校最受关注的老师。今年，我们又增加了月度教师评选的自主度，为每位月度教师寻找特点并命名，以此放大优点，形成辐射。可以这样说，这些优秀的"月度教师"就是校园行走的教师文化。

用制度激活学校组织，用共治搭建工作机制，用评价发现团队的潜能，这一切思考和探索，都基于对学校中人的充分尊重和信任。我想，不管学校之间差异性有多大，让集体中的每一个人都参与其中、受利其中乃至贡献其中，这是学校组织持续健康优质发展的重中之重，更是学校现代化治理的最高理想。

做强家校社教育圈，
为课后服务引来"源头活水"

位于湖北武汉东南的东湖高新技术开发区，也称"中国光谷"，这里诞生了新中国第一根光纤、第一个光传输系统……短短 20 年间，这里高科技企业云集，高端人才云集，每天有上百家企业诞生，有上千个专利待申请——这里是创新创业创造的高地，也是教育快速发展的沃土。

武汉市光谷第一小学位于光谷的黄金中轴线——关山大道上。这条街汇聚了光谷 80% 的大规模企业，是一条千亿大道；近百万常住人口的平均年龄只有 35 岁，更是一条朝气蓬勃的青春大道。作为第一所以"光谷"命名的学校，光谷一小在"从一束光到一座城"的发展进程中，能够为社会发展提供怎样的服务和支持？我们用切实行动做出响亮的回答：积极回应社会发展需求，提供学生成长专业服务。

一、从"校车时代"到"全员托管"

2004 年 9 月，光谷一小开门迎生。一年级新生中有几十位家长找到学校，他们背景不同，但诉求高度一致：作为从北上广回来的创业夫妻、引进的高知人才、企业管理人员，他们工作繁忙，无暇接送孩子，希望学校能给孩子提供三点半放学后的学习、生活服务。怎么办？我们先后做了问卷调查、电话访谈，进一步细化了家长需求，结合当时的校情，提出"七对七"日托班的管理办法。管理办法有三个特点：一是全程接送，学校配置校车，每天早晨 7 点从不同路线接学生到校，晚上 7 点把学生送到家；二是生活配套，学校提供一日三餐及午休寝室，安排生活教师提供生活服务；三是学习服务，三点半后的学习、游戏或锻炼由学校统筹安排，家庭作业在校完成。这种全方位服务不仅满足了几十位家长的现实需求，更让刚刚建校的光谷一小赢得了良好的办学声誉。第二年学校日托班爆满，第三年日托班一席难求。

随着"中国光谷"迈向成熟，肩负起"世界光谷"的使命，学校所在区域楼盘林立，高入住率带来了巨大的入学压力，在校学生由 1000 人增长到 2000 多人。建校五年后，一半以上的家长需要托管服务，以前的"七对七"已无法满足需求。我们又召开了家校座谈会，充分沟通后发现，家长其实更需要的是三点半至五点半的托管服务。学校进行师资、场地等评估后，提出"全员托管"管理模式，即全校学生都可自愿参加三点半后的学校托管服务。该服务分为两个部分，即当天作业辅导和综合学科兴趣活动。这一举措迅速赢得了家长的好评。

每天课后两个小时，学生一周就多了十个小时的在校时间。如何有效合理地利用这些时间，以达到既减轻家长负担又提升学生能力的双效呢？我们从课后托管的内容迭代和实施落地入手，开始了长达数年的行动性研究。

二、从"课业辅导"到"能力培养"

1. 做好每天的课业辅导

课业辅导是课后管理的重要一环，它有别于单纯的作业辅导，安排了一天学习后的师生教学总结或反思环节，一般控制在 15 分钟左右。一、二年级学生有课业总结或反思，三至六年级学生有 40 分钟自主作业时间，老师负责答疑解惑，90% 的学生能在校完成家庭作业。这样的课业辅导不仅有助于学生作业的自我管理，而且提高了家庭作业的质量和效率。这个环节对于切实减轻学生过重的课业负担、确保课堂与课后"无缝对接"、确保家庭作业管理制度

"有效落地"，起到了至关重要的作用。

2. 提升学生学科素养

近三年，我们集全学科教师之力，构建了光谷一小学生"学科核心素养研究体系"和指标图谱，开发了 27 本校本课程读物，初步打磨形成聚焦学生学科核心素养的校本课程体系。这些基于教材又宽于教材的校本课程，以活动性、实践性、趣味性为出发点，是学校课后托管服务的内容指南。如五年级数学校本读本中安排了"数学游乐园""小数字大森林""奇思妙想话二维""生活小管家"四个单元主题，有"校园绿化带""你会看水表吗""计费中的奥秘""小数三子棋""汉诺塔"等十项实践活动，学生可以通过动手操作、参与探索，进一步感知、理解学习内容。

如何在课后服务中有效落实校本课程？我们搭建了以"两融合""学科周"为主要形式的实践平台。所谓"两融合"，一是将校本课程与校园主题活动相融合。今年 4 月，学校举行"首届校园足球节"，学生将从体育校本课程中学到的足球礼仪、足球技能等变成了一场场激烈的班级联赛、一张张创意十足的足球小报以及一段段精彩的啦啦操热舞，一个月的足球节让足球文化生根于学生的幼小心灵。二是将校本课程与校外各级各类比赛活动相融合。比如，我们将音乐学科校本课程与学校正在参与的"武汉市艺术小人才"等赛事相融合，学生将课堂变成了虚拟赛场，从全面动员、甄选苗子到集中打磨，从兴趣团到参赛团，学生训练层层深入，一举获得武汉市第三届学校艺术节声乐专场比赛一等奖。

"学科周"指每年 5 月学校举办的"缤纷学科周，知识动起来"活动，即利用课后服务时间，围绕一个学科，开启为期一周的主题式学习，以激发兴趣、关联生活、同伴 PK、挑战自我为四大基本原则，启发学生手脑并用，创新创造。去年我们开展了数学"汉诺塔高手"、美术"万物任我游"、英语"小咖秀"等活动。孩子们能量爆棚，二年级产生了七巧板 201 种拼法的"小拼王"，六年级全体 420 余名学生提交了汉诺塔比赛视频。课内外课程内容的融通，让学生素养得到多方位浸润和培养，有效实现了快乐学习。课后服务还是我们启动创意活动的最佳平台。"创意帽子秀"的制作历时一周，全校 3000 多名师生同一时间戴上手工自制帽走秀热舞，欢乐溢满校园；"你好惊蛰"活动中，巨大的瓢虫和200余件泥塑动物出现在校园，带给全校学生莫大的惊喜，也让节气知识生动地印刻在学生心底。

3. 打造精品社团

为更好地满足学生在成长过程中对交往、活动和特长培养的需求，我们打造了丰富多彩的社团。一是体艺社团。以年级为单位，我们整体设计了小学阶段的体艺项目：一年级是足球团体操，二年级是非洲鼓，三年级是"班班合唱"，四年级是"竖笛演奏"，五年级是"动感啦啦操"等。二是传统文化社团。我们以中华传统文化为依托，精心打造"国文国风戏剧"社团、"童趣水墨"社团、"节气"社团等，将学生喜闻乐见的内容以充满趣味的方式进行展示。三是科创社团。结合校园信息化建设，学校全力打造"创客中心"，着力培养学生勤于思考、敢于创造、乐于分享的优良品质，引导学生充分体验并践行创客精神。

三、从"专家服务课程"到"社会实践课程"

1. 以请进来的"学校课程"培育"光二代"

为了办好各类社团，我们积极引进师资，实行开放办学。名震亚洲的"天空合唱团"首席指挥成为学生的指导教师，武汉卓尔俱乐部的教练一周四次出现在学校足球场上，国家一级演员成为孩子学习黄梅戏、国学戏剧的指导教师……近千名学生每天课后奔走在自己的校级社团，在各级各类比赛中摘金夺银，成为光谷一小名副其实的"梦之队"。

与此同时，我们请来光谷各行各业的研发者、建设者或领军人物，他们带着自己的专业走进"智慧课堂"。从国家光电实验室、国家煤燃烧实验室和中国科学院请来的科学家讲"从一束光到一座城"，讲"碳达峰和碳中和""电磁磁悬浮"；中国信科的技术员带来"光的前世今生"；华光电子的技术员带来"手机屏是怎样演变的"……每期学术讲座、科普活动、智慧课堂，学校的400人报告厅总是一席难求。

优越的地域科技教育资源为孩子打开了认识光谷、放眼世界的窗户，"创新"的种子在学生心中萌芽、长大。我们围绕信息技术、艺术创作、创客、3D打印、学科创享会等开发课后课程，支持和助力学生热爱科学、创新发展。

2. 以走出去的"社会实践"培育"创新者"

"打开校门，带着孩子去实践！"两年前，我们勇敢地开启了课后社会实践活动。班级数学小分队到超市收集食物含糖量信息，到附近干道交通路口了解人流量和车流量；科学小分队到附近小区进行垃圾分类调查；"啄木鸟"小分队到临街商铺对所有招牌的错别字进行"查虫治病"。一个学期里，教师由原来的担心、不安到慢慢积累了丰富的组织外出经验，他们带领学生走进社会、走进生活情境，让学生发现知识和技能原来在生活中大有用处。我们用近两年时间绘制了"走读武汉"——学校周边教育资源地图，并开发了各年级的实践课程。四年级学生以"学习光辉历史，传承革命荣光"为主题走进武汉革命博物馆感知革命岁月；五年级学生以"穿越地球奥秘，探寻生命奇迹"为主题走进中国地质大学逸夫博物馆探寻生命奇迹；六年级学生通过"走进中国建筑科技馆"了解中国古代建筑特色，畅想未来建筑形式。每次活动历时近一个月，每一个孩子都亲身经历了前置学习、确定主题、明确任务、自主学习、分工合作、现场学习以及成果展示等环节。

开展项目式社会实践以来，孩子们的学习成果真是种类纷繁，令人惊叹。在"创想5G时代"主题实践活动中，一年级有"石头记"，学生用各类石头搭建童话迷宫，布局精巧，学玩一体；二年级有"蝴蝶季"，学生身着古代服饰，现场讲演梁山伯与祝英台化蝶的故事，引人入胜；三年级有"蜜糖记"，近半人高的"超市食物含糖量"手绘统计表图文并茂，科学严谨；四年级有"口罩季"，几十种风格迥异的口罩取材精妙有趣，变废为美；五年级有"梅雨季"，学生查阅资料，严苛取材，自制量雨器……六年级孩子自主策划的实践作品展吸引了中国建筑科技馆的注意，科技馆把学生的创意导览图印在参观画册上并郑重地署上作者名字，多幅学生的未来建筑设计图成为"未来馆"的展示画作。

课堂小世界，世界大课堂。先锋的创新文化、年轻的高校文化、悠久的历史文化交织并存，是光谷独特的气质。生活在这座鼓励创新、宽容失败的科技人文之城，我们会继续因地制宜做大做强家校社教育圈，为学校教育引来"源头活水"，做好课后服务，滋养万千学生。

（原载于《人民教育》2021 年第 18 期）

找到打开教育世界的密码

——校长研修班上的所思所想

今天，世界好像已经打开，尤其是对世界的理解更是仁者见仁，智者见智。看清自己，认识世界是我们每个人一生思考、研究和实践的命题。打开世界有各种角度和方式，如文学、艺术、科学、哲学、教育等。因此从这个角度来说，我们穷其一生，每一天的生活与工作学习思考，或许都是为了"蓦然回首，那密码却在灯火阑珊处"。在教育领域，我们打开教育世界的方式有哪些？带着这样的思考，外出学习，无论是听讲座、访学校、看场景还是开会研讨后，我似乎都有些领悟。他们都从自己的专业研究与实践中成功地找到了各自打开教育世界的密码，让我看见了真实，看见了不同，也仿佛看见了自己的方向。

一、技术密码——信息时代的基本功

身处信息时代，掌握技术是大势所趋，因此各行各业"技术+"确实大有可为。第一天上午，操着浓浓的川味普通话的何政权老师，其貌不扬，但静水流深，他用几十年对信息技术的研究与实践，毫无保留地打开了他的技术世界，让我们看到了技术是如何进入教育教学，甚至改变学习方式，颠覆传统课堂教学的。我在思考几个问题。一是资源在哪里？如何在浩瀚的信息海洋里找到有用的信息并精准服务于我们的工作学习和研究？技术和路径就变得非常重要了。收集处理整合信息的能力是信息时代的教师基本功。不同的资源平台，它们的优劣势是什么？这是一个比较和选择的过程。二是如何为我所用？国家智慧教育平台有丰富且优质的课堂教学视频，是日常教学中"双师课堂"的主要素材，但如何利用视频资料服务线下课堂教学，这是课堂设计和实施的关键。国家职业教育智慧平台上，有着海量的职业体验课程，可以极大地丰富学校的"行走德育"课程。三是改变传统教研方式。今天老师普遍还在用纸笔备课，思想前沿一点的学校有公用教案、二次动态教案就算不错了。但信息时代下如何备课呢？何老师给出了一种网上备课方式：先在各大平台收集关于教学主题的教学解读或设计，再围绕学习目标确定教学内容，综合梳理整合资源，直到筛选出更优的教学方式，形成备课的一稿、二稿、三稿，再进入课堂实践打磨。有人质疑：这不是抄袭吗？牛顿曾说过："如果说我比别人看得更远的话，那是因为我站在巨人的肩膀上。"信息时代给了我们站在巨人肩膀上的机会，所以这种线上备课是信息时代的教师必须拥有的一种新能力。我赞同这种为我所用的新"拿来主义"！

更让我大开眼界的是学习强国、抖音、小红书等，这些我每天都会光顾的平台，居然也是海量的教育教学资源。真是别有洞天。

听何老师讲课，还有一种别样的感觉。充满现场感讲技术用技术，不管是以前接触过的，还是没见过的技术，仿佛所有的技术在身却浑然不知。因为现场人人实操，个个体验，具身学习沉浸其中。他讲述自己的人生经历，信息技术要不仅仅是技和术，这些具象的实操里，深藏着教育教学思想和主张，才让技术走得更远更深。只有掌握信息技术密码的人，才能在今天的教育汪洋中劈波斩浪。

二、美育密码——自然学校的儿童观

每所学校立德树人根本任务的实施路径各不相同，或者说每所学校打开教育之门的密码各不相同。重庆两江新区青禾童心小学校（以下简称青禾）的童心教育观下，顺势而为与自然而然的教育不仅是生动真实的教育面貌和样态，更是学校全面育人的载体和策略。

美育是青禾的独特视角。整个学校空间简约不复杂，用料用工给人以清清爽爽的简洁美。整个校园看不到任何标语口号，但每一处都在静静地表达——这里是教育圣地和乐园。参观学校时，我对学校墙面的水波纹理很感兴趣，老师说这是一个施工中意外的惊喜。我兴致勃勃地和接访老师交流，说他们这种做工很像日本建筑师安藤忠雄的清水混凝土的美学样子，简单、平稳且沉稳，那是一种极简的艺术风格。

建筑本身是"无声的诗""凝固的音乐""立体的画"。两年前光谷一小外墙整体翻新时，几次易稿，最终确定了简洁、大方的造型设计。直到今天，一小校园外墙仍保持原有设计，没有任何学校文化标识上墙。

在青禾，我很惊喜地看到了向往的学校美育环境和空间。美育展示空间大开大合，大方大气，功能性永远在装饰性之上。我们在学校看到粗厚的校门红砖、破损的陶罐、普通的石头，还有几十个学生利用废旧材料制作的大型雕塑时，有种恍惚在北京798的感觉。我理解这就是自然的美育。活动结束前，我问秦校长："你怎么理解学校艺术课程？"他不假思索地说："艺术不能完全靠课程，是需要浸染的。"一语中的，原来学校的教育精神与文化追求，都在通过建筑和设计无声地表达。

临行前，秦校长说了一句话："青禾是大家带不走的。"是的，每所学校都有属于自己的教育密码。

我以为，美育是青禾的教育密码。

三、语言密码——表达者首先是思想者

西南大学的郑劲松老师幽默诙谐，整整四个半小时，大家在欢声笑语中度过。这个"西南大学第一才子"果然没有浪得虚名。关于演讲和表达，他有自己独特的"郑氏话语十八招"及一些比赛秘籍，也有很多成功的案例，确实让人受益。但更让我难忘的是他看似说笑的观点，有些我甚至认为是金句。如他说"讲得好是因为写得好，写得好是因为读得多"，没有广泛阅读和深入的思考，怎么可能表达准确且新颖？如他说"好口才源于好人品"，我突然想到了

一句话有异曲同工之妙："真正的高情商不是左右逢源，圆滑客套，而是温暖真诚，懂得换位思考。"这就是大智靠学，大胜靠德。其实第一句话还可以继续延展：讲得好是因为写得好，写得好是因为做得好，做得好是因为读得多！

主题和立意当然很重要，但材料、结构和语言也是有技巧的。我理解这些都建立在表达者首先是思想者的基础之上。中午吃饭和郑老师同桌，听他讲了一个故事，可见他独特的视角和思考。西南大学校史馆里有一张袁隆平当年的学生证，馆员只是拿它当个文物保管，但郑老师拆下学生证的封皮，发现有一个人的签名，那是 1952 年中国人民志愿军抗美援朝英雄事迹巡回报告会来到重庆，一位战斗英雄留下的珍贵签名。于是我们就能够理解当年袁隆平报考飞行员的初心，从而更能理解他当年不能从军报国后在水稻研究上有着相同的理想和抱负。"杂交稻大吉稻隆平稻，稻稻可解苍生苦；禾下梦振兴梦中国梦，梦梦皆为百姓甜。"也正是有这样深邃的思考、精准的材料，才会有有质感的语言表达，《好家风就是好种子》才会脱颖而出！

行文到此，我还在想，今天用密码来解读或破译教育，只是一种隐喻而已。不管是技术密码、美育密码还是语言密码，它们都在表达通过理论和实践而获得的教育思想。要通过它们促进自己的思考，在教育理论和实践中游走，在不同领域游走。试着打开一扇属于自己的门，找到属于自己的教育密码。

笛卡尔说得多好："我思故我在！"

来，办一场持续 365 天的校庆

——校庆的意义与价值是什么

让我们一起勾画我们见过的或心中的校庆的样子吧！

鲜花、拱门、横幅、彩旗，校园过节一般的热闹非凡？表演、活动，师生、家长、各方宾客满堂，学校一时间人头攒动？常理上这些都应该有，这是对校庆应有的态度。但细细思考，一所学校的办学历史、办学思想和办学实践在一天之内能得到很好的梳理、回顾、展示和研究吗？显然是不太可能的！

本学年，光谷一小将迎来建校二十周年的日子。二十年，历史确实不长，但在"中国光谷"迈向"世界光谷"的四十年日新月异的发展中，一小人用非凡的勇气、智慧和坚持，建设了一所光速发展的地标性名校，成为区域教育的风向标，成为家长公认的好学校。不管你经历了多少，参与了多少，见证了多少，付出了多少，我们要集思广益，办一场持续 365 天的校庆！要回归日常教育教学，回归生活学习细节，让贯穿一年的校庆活动成为学校发展的新节点、师生成长的新起点，让校庆活动成为梳理、总结和展示学校办学发展史和实践历程的平台。

我们将会回望过去，凝望现在，展望未来，一起办这场持续 365 天的校庆！

回望——"我从哪里来？"

这是人生三问的第一问，对于学校而言也是如此。从 2004 年至今，回望我们走过的路，从无到有、从有到优的创校、立校历程，让我们更加自信，增添使命感；从2004年至今，回望我们走过的路，无论是办学规模、学校内涵、教育质量还是社会口碑，都让我们更加从容，增添荣誉感。我们筚路蓝缕、开疆拓土的创业精神，已经成为学校的优良传统，凝练成一小师生"勇争一流"的精神底色和学校文化。因共同的文化认同和追求，我们的学校更有凝聚力和向心力。身处这样的学校，怎能不让我们心存敬意？

凝望——"我在哪里？"

一切历史都是当代史。今天，凝望我们的学校，"真人教育"的办学理念、教育思想影响深远。"光耀每一个儿童"的办学愿景照亮了校园，我们通过"行走德育""行知课堂""行思教师""行成管理"等实践路径，架构起丰富的"谷粒成长课程"，培养"中国心、健美身、聪明脑、灵巧手、全球眼"的一小学生，致力于让每一个孩子都闪闪发光。我们在跨学科学习中、在"年级自治"管理中，敢于创新、勇于实践，引领区域教育的发展，成为"被追赶和模仿的对象"！二十年里，我们从未懈怠，我们一直在路上。身处这样的学校，怎能不让我们心存美好？

展望——"我将去哪里？"

站在今天看未来，我们要将学校带往何处？作为优质品牌学校，我们如何与时俱进地完善面向新时代的办学思想体系？如何升级迭代新课标下的"谷粒成长课程"，更好地实现国家课程校本化实施？如何实现办学规模和教育质量的"比翼双飞"？如何在"年级自治"的基础上更好地建构高效能的学校治理体系？学校如何出品牌、出标准，形成特色标识？这些是摆在我们面前的现实问题，更是我们研究的课题和努力的目标。身处这样的学校，怎能不让我们心怀梦想？

那么，这场持续 365 天的校庆该怎么办？

首先，校庆是学生成长的重要契机。本学年，校庆作为一个特殊的标识，进入学校节日系列主题课程，与学校固有的主题活动组合设计，按照课程目的、内容、实施和评价来管理，构成了学校的节日课程。"谷粒成长年级课程"将立足每一节课、每一天的学习，分期分批进行交流、评价与展示，在校庆年里实现科科都有发现和表现，月月都有学生成长、成果呈现，让校庆成为每个孩子的狂欢和盛宴。

其次，校庆是学校发展的展示时机。我们将组织召开体现办学追求和发展成果的"基于一小实践的陶行知教育思想研讨会"（暂定），请专家学者和陶研会成员学校推断论证，各抒己见，梳理、总结、反思学校管理成绩与问题，坚持或调整学校办学策略，为学校规划新的发展方向，确定新的发展愿景，实现新的发展突破。我们还将组织展示学校形象和实力的系列师生主题活动等，让活动成为增加教师归属感、自豪感，增强学校凝聚力的重要载体。

最后，校庆还是教师发展的关键新机。我们将基于全校老师的智慧和实践，用心用情用智，出版老师的合著《光耀每一个儿童》，作为献给学校二十岁的生日礼物。我们鼓励优秀教师个人或集体将自己的教学研究成果出版，成为学校的发展成就和标志。我们同时还将推进系列名师交流展示及表彰活动，梳理、提炼教师个人的教学成果，为全校教师树立专业发展的榜样。要让教师感受成长的荣耀和自豪，受到鼓励和鞭策，激发教师专业发展的无限向往和不竭动力！

如果说校庆年是一部电影，主角理所当然是所有的老师和学生。未来的365 天里，每一位师生，用参与、经历和发现，学会总结，学会感恩，明晰方向，汲取力量，获得发展，这才是校庆活动的最高意义和价值。

来吧，一起办一场持续 365 天的校庆！

武汉新城，一所新校款款走来

——武汉新城中心小学建校笔记

任何一个新生命的诞生，都是充满欣喜的，学校同理。武汉新城中心小学，从建设的那天起就引人瞩目，承载着美好希冀和祝福！

任何一个以区域命名的学校，都是被寄予厚望的。学校被冠以"武汉新城"之名，体现着社会对学校的深情期待和重托。

2023年9月，如火如荼建设中的武汉新城中轴线上，矗立起了一所新校——武汉新城中心小学。这是一所现代而不失童趣，精致而不失灵动，卓尔不群，气质非凡的"网红学校"，从校园建筑设计到硬件设施设备都堪称一流！

还记得第一次站在她面前时我是何等欣喜和激动！天蓝色的报告厅挑空逸出，形成高大的校门，气度非凡。色彩与造型相映成趣，城堡窗户、空中三层平台的巨大"魔方"造型（也有朋友说是城堡、鸟屋），让人浮想联翩；站在长达数十米的大滑坡上，似乎可以听见孩子们的欢声笑语。除标准操场和体育馆外，仅风雨操场就有两块，极大地满足了孩子们运动的需求。功能室配置完善，尤其是那间无边界阅读中心，我置身其中，有一种恍惚感。省图书馆？大学图书馆？光谷书房？都不是，但气质相同，都带着浓浓的书卷气！

在这样一块高标准高起点建设的场地上，学校"这一张蓝图"如何绘就？每一个举动都需要思考再三，谨小慎微，犹如手捧珍宝！8月学校开门后，我们组团每天在校园发现、思考和讨论，如何做学校文化，是个极其烧脑的话题！

最终，我们决定从孩子的立场出发——"你希望学校是什么样子？""你觉得学校应该有什么？"摸底了解孩子们的需求和向往。"光耀每一个儿童"的教育愿景首先是办一个儿童学校，一所真正属于儿童的校园。我们化繁为简，决定以孩子的入校线路为创作主线，着手绘制这所梦想中的校园！

谷粒大厅——看见生动的儿童

入校门厅有两个，里外各一个，一个开阔敞亮，一个现代大气。团队一致认为应该把学校核心的办学愿景和理想放在外厅，甚至能让孩子们把玩。于是，我们尝试了许多呈现方式，最终决定用彩色立体字。但效果图出来，感觉不好，一是色彩太多，花哨；二是字的大小比例有问题。于是又生一法，何不在立体字下面做方柱，和立体字形成一体，既富于变化，又有童趣。一拍即合，于是外厅"光耀每一个儿童"的立体字造型，远远看去像一群孩子坐在高低不一、色彩各异的凳子上，而统一的白色立体字也显得格外醒目！

如果说外厅有抽象的儿童概念，那么内厅就要呈现鲜活的儿童形象了。家家不都有照片墙吗？我们希望学校门厅给孩子以家的感觉或印象，于是我们和设计师确定了把孩子们在不同场景下活动的照片做成灯箱，让每个孩子都"闪闪发光"！于是这组照片成了学校大厅最亮丽的风景，孩子们奋力奔跑、认真读书、跳啦啦操、科学观察、外出研学等不同学习样态下的生动身影定格在这里，也定格在所有中心小学教师的心里。

我们要表达：这是一所儿童在正中央的学校。

彩虹书屋——斑斓的阅读世界

在人们的认知里，彩虹的寓意是美好、幻想。"风雨之后见彩虹"，表达的意思是历经一定的挫折后才能达到目标。我们取了彩虹的色彩和寓意，对从天到地的环形书架进行改造和装饰，彩色的亚克力书格七彩缤纷、晶莹剔透，一上架，彩虹的感觉呼之欲出。孩子们走进书屋，也惊呼好漂亮！

顺着这个思路，我们在圆厅里设计了环形的座椅，希望能有一个小型的分享或互动的空间和场域，让交流和讨论随时发生。放上一块圆形的地垫，就是发言席了，并且可以随时移动。圆厅外则选择了蓝色和黄色的沙发进行对撞，而落地窗前则用圆几和高背椅，不仅显得落落大方，而且可以让阅读者尽享室内阅读世界和窗外自然天地。

除此之外，先进的电子阅读系统和时尚的朗读亭，让阅读的方式更加现代和多元。彩虹书屋几乎可以满足所有人的阅读需要，这是个充满想象力的地方，一如书中的斑斓世界。

美好教室——全场景的学习空间

今天对于学生来讲，最重要的空间是哪里？毋庸置疑，一定是教室。从某种意义上讲，空间决定着学习、生活或工作方式。教室对于孩子来讲，是学习的场所，是生活的空间，应该有家的温暖，有成长的印记、学习的成果展示。它应该承载无限的可能。从这个理念出发，我们将教室前后做了整体设计，用极简的山峰造型勾勒，设计了几乎满墙的展示平面，方便随时展示交流分享。我们在憧憬：孩子们的生活识字小报上来了，第一期校园主题课程展开始了，科学魔豆种养观察日记出来了，还有班上琳琅满目的达标争章记录、班级吉尼斯纪录等。孩子们在这里学习、生活，成长、收获，即使孩子们不在教室，我们走进这里，依然能听到孩子们成长的声音！

听，团队群里还在讨论："一楼的风雨操场还可以发挥多方面的作用，可不可以加个小舞台，做成小型活动专场？""二楼轮滑场地还要增加些环境氛围！""孩子们需要一个涂鸦墙。"对于新城中心小学，大家有着太多的创意和金点子。

是啊，学校刚刚展开画卷，哪能一蹴而就？需要积累，需要与时俱进，传统与现代并进，软件与硬件并重。新城中心小学是所新学校，有着广阔而丰富的天地供我们驰骋，好在我们都有着儿童立场的学校文化自觉，开学后，我们将和孩子们共同创造一所"有人性、有温度、有故事、有美感"的校园。

横空出世的武汉新城，正助力"中国光谷"迈向"世界光谷"，将梦想一步步照进现实。面向未来的武汉新城中心小学也已破土而出，祝福她拔节生长，创新而行！

（备注：光谷一小和武汉新城中心小学是融合型教研体，两校在组织架构上是同一法人代表、同一校长，实行一校多区、文化同享、师资同盘、教学同步、培训同频、考核一体的管理模式。）

把课题研究做成"民生工程"

——谈当前学校课题研究的误区及对策

开展课题研究是学校教育教学改革的需要，是促进教师专业成长的重要途径。因此，近年来，学校课题研究得到了空前的重视和加强。但是在开展课题研究的过程中，出现了一些认识或操作上的误区，形成了课题研究过程中的诸多乱象，这值得我们思考和改进。

误区一："金字招牌"现象——重数量，轻成果

现在，课题研究的数量和层次已经成为评定一所学校的标准之一。所以，为了提高学校的层次，学校领导往往会尽力争取省、市级甚至国家级课题，课题越多越好，级越高越好，更有甚者，诸多课题接二连三"进驻"学校，呈现"只管种，不管收"的局面。于是，忽视学校实际，对教师成长、学生发展作用甚微的各级各类课题成为学校工作总结或政绩材料的"金字招牌"。参与研究的教师往往把这作为自己教育教学的一个重要"业绩"，当作自己职务晋升的重要砝码，而无心做研究。还有部分教师根本没有从事课题研究的愿望，甚至不具备教育科研的能力，但为了检查过关，争先评优，只有硬着头皮做。这种"赶鸭子上架"的做法，与课题研究的初衷是背道而驰的。

误区二："皇帝的新衣"现象——重演绎，轻实践

《皇帝的新衣》中那两个骗子每天假装在那两架空空的织机上忙碌着，还不时向前来检查的官员描述所谓的"稀有的色彩和花纹"，这在今天看来是多么可笑和荒诞！但在有些学校的课题研究工作中上演着现代版《皇帝的新衣》：课题审批立项了，申报书像模像样，人员安排、时间分配、研究的预期效果及成果形式等设计得井井有条，"认认真真"地走"申请课题—课题招标—开题大会—结题鉴定"的流程，而且开题大会隆重热闹，大小领导悉数到场，大讲特讲课题研究的重要性和长远意义，却不见其组织研究或研讨活动，只是到了结题之时形成洋洋洒洒的结题材料，做成一件人人心知肚明的"新衣"，自欺欺人。科研价值何在呢？难道就是找资料查文献，闭门造车，通过理论的演绎推理，最终形成一个又一个无价值的"伪课题"？

误区三："浮夸式歪风"现象——重形式，轻实效

目前，中小学正刮着一股日渐肆虐的浮夸歪风：急功近利，严重缺少一步一个脚印的真研究。这表现在三个方面。一是课题研究一味追求"短平快"，课题周期过短，参与研究的教师数量不足，使研究带有很大的局限性。这是一种急躁的研究。二是课题"假大空"，课题的选择、研究目标超出了学校现有研究能力，找不到切入口或着力点，无法真正开展研究，只能以临时突击作业充实原始研究过程：以各种临时问卷调查充实原始记录；赶写必不可少的平时又没有写的各种实验资料；马上开设没有开设过的课程；反复推敲要展示的公开课、汇报课；课题研究报告拼拼凑凑，满目正确的"废话"、过时的"结论"。这是一种浮夸的研究。三是存在"畏难情绪"，只在"云端舞蹈"而不"贴地行走"，浅尝辄止，不深入课堂，不在教学现场，不直面矛盾和问题。这是一种漂浮式的研究。

以上课题研究中种种误区或乱象的形成，从根本上说，是思想认识的问题。

课题研究被做成了"面子工程""政绩工程"，已经背离了课题研究的出发点。所以，我们需要理性地重新审视课题研究的初衷，它理应成为一项惠及学校、教师、学生的"民生工程"，并借助这一工程丰富学校发展内涵，提升教师专业水平，培养高素质学生。从这个角度来看，课题研究工作应立足三点，成为一项真正的"民生工程"。

一、以学校内涵发展为出发点

教育科研的核心是为学生的持续发展服务，为教师的专业成长服务。而这一目标的达成必须依赖学校的发展和进步。所以，学校领导牵头的重大课题不宜多，一般为涉及学校办学方向或教育管理等重大问题或方向的课题。同时，还应紧密联系教育教学实际，结合教师团队现状，谋划有较高的实际价值、有创新性和可行性、利于教师发展的校级课题。

所以，学校发展与教师的专业发展应当是高度统一的。学校发展需要教师的专业发展来推动，教师的专业发展需要学校发展做支撑，只有将学校发展与教师的专业发展结合起来，才能建立学校和教师双赢的发展机制。

二、以教师专业提升为着力点

课题研究本是一种以教师为研究主体，在实际的教育教学情景中针对现实问题进行研究，并将研究结果在同一情景中加以应用，经历计划、行动反馈与调整的活动过程。所以这一活动的实施者和受益人首先是教师本身。而课题驱动、行动研究是自我提高、自我发展的基本形式。"一个肤浅的教育工作者，可能是好的工作者，也可能是坏的工作者，但好也好得有限，而坏则每况愈下。"这段话道出了"教学执行者"和"教学研究者"的本质区别。

进入课题研究之后，实验教师能"坐而论道"。做课题研究要大量阅读教育理论、学科专业书籍，对自己所研究的领域有较为深刻和广泛的理解，使学术视野得到不断拓宽；要在理论的海洋里博采众长，不断提炼，为我所用。读着读着，教师的理论基础日益夯实，课题研究就有了源头活水。观念决定行动，理论视野开阔的实验教师做起研究就会方向准确，思维多元。

进入课题研究之后，实验教师要"身体力行"。课题往往是在教育教学中遇到的难点、重点、热点或关键问题，它产生在一线，研究在一线，因此，教师需要在课堂中实践，在实践中反思，在反思中总结。只有通过反思，教师才会不断地剖析自己在课堂教学中的优缺点，细致、冷静地推理总结，具体到针对某一个问题想对策，就某一教学环节中学生的质疑甚至某一个辩论回合展开思考。在这样的行动研究中，教师会生成和提升自我教育智慧，并且因为一直着力于"行走"，边工作、边学习、边研究，所以能在"做"中收获。"只要行动，就有收获。"朱永新、叶澜等教育名家发起的课题研究就一直非常在场，强调行动、强调"做"。

进入实验研究后，实验教师会"述而能作"。"说（写）出来"很重要。马克斯·范梅南说："因为只有写下来我们才能清楚地意识到我们知道些什么。"教育科研成果的表述，是一个严密的思维过程，需要一定的分析综合、抽象概括能力，要求教师有准确运用语言文字的能力和技巧。叶澜教授曾说过："一个教师写一辈子教案难以成为名师，但如果写三年反思则有可能成为名师。"当教师把教的、读的、做的、思的、满意的、遗憾的记下来时，他就会不断寻找问题、解决问题，进而由具体问题延伸拓展开去，努力上升到更高的层次来反思、重建；同时也会惊喜地发现，那些方块字实现了教师专业素养的提升，凝成了教学研究的结晶。对此，著名特级教师窦桂梅深有感触："写，让自己活得明白，更让自己活出精彩。花的开放，赢得的是尊重，积累的更是尊严。写，也许会改变你的课堂磁场，甚至改变你的生命属性。"

三、以学生素养提高为最高点

"构建'健康、快乐、成功'学校文化的研究"课题提炼出了"健康生活，快乐学习，体验成功"的教育理念，目的是让每一位毕业生都成为既具有深厚的文化底蕴，又拥有简单的英语会话能力，掌握至少一门休闲技能的现代人；

"中国象棋普及教学研究与探索"的课题让一个乡镇小学四百多名学生人人参加象棋学习，会下象棋；"绘画教育促进小学生个性发展研究"实验历时五年，全校孩子人人舞文弄墨，个个尽展其长；在"学会欣赏与修改——学生习作评改研究"的实施过程中，孩子们增强了习作自信，提高了自主修改作文的能力，作文水平迅速提高……此类课题，在基层学校不胜枚举。课题的终极目标不约而同地直指学生，是偶然吗？不是。追根溯源，是因为学校开展课题研究的目的与学校存在的目的是相同的：通过学校、教师达到育人的目的。因此，牢记课题研究与学校办学异曲同工的宗旨，在选题或实施课题研究的过程中，就一定能够收获"1+1>2"的效果。

　　教育是科学，来不得半点虚假；研究是行动，容不得云山雾海。课题研究的意义和作用不言而喻，只有做真研究、真讨论、真实践，才能做成实实在在的"民生工程"！

（原载于《湖北教育》2013年第6期）

创意物化成果是如何诞生的？

——综合实践活动课程"问题生成 - 转化式"教学完整示例

综合实践活动课程是强调从学生的真实生活和发展需要出发，从生活情境中发现问题，转化为活动主题，通过探究、服务、制作、体验等方式，培养学生综合素质的跨学科实践性课程。在这个过程中，问题的生成和转化是关键环节，而生成和转化的情境更是至关重要的。我校以综合实践活动课程"KEVA积木搭建"为载体，在课程实施中尝试进行"问题生成 - 转化式"教学。我们在学习情境中生成问题，在研究中转化问题，在实践中解决问题，在创意制作中升华问题，在提升学生综合素质方面做出了一些有益的尝试。

搭建课上出了"问题"：课堂上的"问题生成"

积木搭建课程是一个以培养学生的合作探究、动手实践能力为目标的综合实践活动课程，课程开设以来因学具简单而创意无限赢得了孩子们的喜爱。孩子们说："只有想不到的，没有做不到的！"一个学期下来，孩子们不仅学会了"KEVA"积木搭建基本技法，如平搭、侧搭、竖搭，还掌握了不少基本结构，如螺旋结构、碗形、圆顶、球体、悬臂结构、"之"字形塔。

此时，课堂出现了"问题"：积木条为什么都是相同的尺寸？这个尺寸是怎样确定下来的？这些基本结构如螺旋结构、碗形、圆顶、球体等在我们的生活中，尤其在武汉地区的建筑中有哪些具体运用？学会这些技能在生活中有用吗？

于是，我们决定将这些问题提升为本学期长期研究的活动主题：研究基本结构在日常生活中的应用及创意。至此，这个从学生真实学习发展需要和真实生活出发而产生的主题，拉开了研究的序幕。

走出教室寻找"模型"：观察后的"问题转化"

身处拥有众多超级工程的建造大国，我们不难找到应用了这些基本结构的经典作品，如鸟巢、中国馆等。但基于学校真实学习和学生真实生活两方面认真考量，我们选择了学校附近影响力最大的武汉网球公开赛的主场地——光谷国际网球中心。这个武汉市地标建筑，从空中看是一个高速旋转的网球造型，动感十足。学习积木搭建课程的孩子们来到场馆实地考察，他们参观了这一灵动建筑的全貌，聆听了场馆建设方工程师讲的关于施工中如何实现设计的故事，触摸了武网中心的建筑模型和剖面模型，感受到学校课程内容生动应用于建筑设计中的无限魅力。当然，孩子们还带去了自己在课堂中产生的问题和疑惑。

在生活中，在实际运用知识和技能的地方进行现场学习、请教，用眼睛观察，用耳朵聆听，用心灵体验，这种学习是记忆深刻的，是鲜活生动的。螺旋结构、碗形、圆顶、球体这些孩子在课堂上学到的基本结构，在这个巨大的、旋转的"网球"中均有不同程度的体现和设计，由此孩子们产生了动手做一个网球中心的冲动和欲望，知识和技能自然落地生根发芽。

武网中心的工程师和师生们一起设计了本次考察参观后的研究内容：一是"用积木搭建一个'武网中心'，看看用到了哪些基本结构和基本原理"；二是"有了这些基本结构和基本原理，你还有哪些生活创意和想法？"

研究过程"跨学科"："多科会诊"解决问题

要理解生活中的事物或现象，需要多学科视野汇集、融合，解决带回来的两个问题更是需要跨学科"多科会诊"的深度学习和研究。孩子们和教师一起设计了几个专班进行研究：

数学小组：根据武网中心的实际比例和积木的尺寸进行缩小的设计，确定复制品的基本大小。美术小组：完全复制的可能性不大，要进行外形简化设计，留下最能代表武网中心特点的外形设计。科学小组：运用积木探究武网中心的工程结构，重点理解平衡力、重力、支撑力、对称性等原理在搭建中的具体运用。

三个小组既分工研究又相互合作，你中有我，我中有你。每周社团时间，师生们在搭建教室里讨论、设计、修改、完善，用多种方式记录，搭建半成品或关键部分。近一个月里，师生们以再造"武网中心"为任务驱动，在科学、美术、数学学科之间穿梭，发现问题，研究问题，设计解决方案，动手实施，各学科的知识在对现实问题的分析与解决中产生了有意义的关联。更为重要的是，30多个孩子在近两个月的时间里真切地感受到如何合作、如何共享，课堂教学与生活世界正在他们手中融通……

"多学科融合""跨学科研究"在研究"积木条为什么都是相同的尺寸？这个尺寸是怎样确定下来的？"这些问题时得到了充分体现。上万个尺寸完全相同的积木是怎样产生的？孩子们在数学老师和综合实践课老师的指导下开展了探究：实物测量——测量一块积木的具体尺寸；作品观察——对经典积木作品如桥梁、房屋、木塔等进行观察，发现积木的长宽高在搭建中呈比例关系。通过多学科的融合学习，他们惊喜地发现了积木的尺寸秘密。在美术老师的帮助下，孩子们用示意图画出了长宽高的比例关系，计算出长宽高比例竟符合黄金分割原理，孩子们恍然大悟：难怪我们的积木搭建作品每一件都是美的。

实践应用"再提升"：创意物化成果的形成

两个月后，积木搭建小组宣布了两项"预期"研究成果。一是他们成功地搭建了微型的"武网中心"，这个略显质朴和笨拙的作品贵在"神似"：虽说不如真实建筑气势恢宏、光彩四溢，但碗形和球体两种结构的结合变化、螺旋式的拼搭方法，使得一个充满智慧的木质"武网中心"横空出世了。

第一个研究成果让我们大开眼界，孩子们用火柴棒、瓦楞纸、彩色黏土等材料做成了四座色彩各异、观感十足的"武网中心"。孩子们自豪地说："有了这些基本结构和原理，用什么材料我们都能做成！"不难发现，到生活现场中找到知识的运用地或现象的发生地，研究其核心价值，以不变应万变，钢铁结构的"武网中心"真的可以变身"任意型材"。

带回来的第二个研究主题更具挑战性——"有了这些基本结构和基本原理，你还有哪些生活创意和想法？"这不仅是孩子们又一次运用学科知识分析解决实际问题，而且是在第一次主题研究的过程中产生的延伸、综合乃至提升。

有了核心知识和能力，孩子们再一次进入学习和现实生活，实现了从问题走向问题的良性循环。

（原载于《人民教育》2018 年第 21 期）

校长——叫出学生名字最多的人

一所学校，全校大多数孩子都认识的老师是谁？当然是校长。但回过头来问一问，一位校长能认识大多数学生，叫出他们的名字吗？恐怕在今天看来，这是个不确定的答案。

马斯洛说："记住学生的名字就是对他们人格的尊重，是对他们作为集体成员的肯定和认可。"学生渴望校长或老师能很快叫出自己的名字，这是自尊的一种表现。

或许你会不以为意，但在今天这个重视尊重和沟通的社会里，尤其是在学校里，这显得格外重要。记得二十世纪八十年代末刚上班时，老校长给我们布置的教学基本功是要在一周内记住所有孩子的名字。于是，面对一百多人的超级大班，我采用名字故事法、谈话法、点名法、自我介绍法等方法在一周内记住了所有孩子的名字。还真是神奇，叫得出学生的名字后，课堂显得井然有序了。在校园仔细观察，我又一次惊奇地发现：老校长居然能叫出大多数孩子的名字，其中有不少是他的"忘年交"呢！难怪这个其貌不扬的老头儿在社区里拥有极高的人气。

无独有偶。吴蓉瑾，上海市黄浦区卢湾一中心小学校长，她是"时代楷模""全国三八红旗手"，但她更是孩子们的"云朵妈妈"，她叫得出全校1000多名学生每一个人的名字；她还是家长们口中的"秒回校长"，她一年365天，一天24小时手机开机。由此可以看出，"她是真正喜欢小孩子的人"。这才是爱心教育。

美国成人教育家卡耐基在《人性的弱点》这本书中指出，能记住名字是对别人最大的尊重："记住人家的名字，而且很轻易地叫出来，等于给别人一个巧妙而有效的赞美。因为我很早就发现，人们对自己的姓名看得惊人地重要。"在学校，能够记住学生的名字不仅是尊重他人的表现，更是有效沟通的开始。

校园里经常上演这样两幕情景：

一是校长巡校时发现一个学生主动帮助同学，欲表扬他，抱歉地问他："请问你叫什么名字？"他虽然没有说什么，但明显可以看出他还是有些失落的。二是校长对刚进校门的某位同学说："×××，今天的红领巾比昨天的整洁多了。"他听到后一定会非常兴奋："校长，你竟然叫出了我的名字！"

有时候这么简单的一个"称呼"，对于学生来说却意义非凡，它可能影响学生学习的积极性，可能激发学生的某种学习兴趣，也有可能就是老师走进学生心灵深处最便捷的通道。教育除了是传授知识，更是人与人之间的交往、心灵与心灵之间的交流。而记住每个学生的名字，了解每个学生的特点，这便是交往、交流的起点。

或许你会认为在一些规模较大的学校，校长要记住所有学生的名字确实有些困难，但还是要创造一切条件和环境多认识，多了解。校长，应是学校里叫出学生名字最多的人；教育，从叫出学生的名字开始吧！

成长在课堂内外

一纸秋色落在光阴里，落在江水上，落在课堂中，便给秋的教室增添了一笔别致的美。

——《半江秋色半江诗》

求真十年，行在课堂

建校二十年，与十届"求真杯"就在此时相遇。2023—2024年对于一小来说，是值得纪念的特殊年份。

二十年间，一群人，来自四面八方，向着一束光会聚而来。二十年里，还是这群人，研究教学孜孜以求，教师的生命在课堂闪光。

人生啊，有多少个十年！我们用十年的坚持和努力铸造了一个闪亮的品牌"求真杯"。这是一小教师成长的练兵场、展演台和"奥斯卡"颁奖现场。"求真杯"是成长的见证——我们以参加过"求真杯"为荣，无论参加过哪一届；"求真杯"是专业的荣耀——我们以"求真杯"奖项为傲，无论是个人奖还是单项奖；"求真杯"更是团队的智慧——在一小，我们从来不是一个人在战斗，每一个参赛者的背后都有一支强大的团队。

实践"光耀每一个儿童"的教育理想，我们是从"上好每一节课，教好每一个孩子"开始的。这是十届"求真杯"在所有老师心中刻写的教育价值观！

无数次地自我追问：从课堂出发，十年带给我们什么？我选择了三个关键词来表达理解和感悟——"活在课堂""长在课堂""成在课堂"。

活在课堂

其实教师的生命世界，就是课堂世界。课堂中有我们所经历的生命疼痛和悲伤，喜悦和欣慰。李政涛教授的新书《活在课堂里》中有很多金句，如"生命在，课堂在；课堂在，生命在。真正的课堂，都是用生命活出来的"，我受益匪浅。快三十年了，我还记得我的导师曾告诉我，如果上完一节课或汗流浃背或心有不甘或耿耿于怀、成败感交集，这证明我们在用"力"上课。上好每一堂课才是真功夫、硬功夫。为了准备这届"求真杯"，我们一个团队用一个学期打磨一节课是充满意义和价值的。今天的颁奖不仅要颁发优质课综合奖，还要颁发在技术融合、学科整合、单元设计等方面有独特见解和有益探索的单项奖。它代表我们行知课堂"手脑并用，教学相长"的价值追求；它代表理论与实践，流程与应用的"双向奔赴"；它更代表着我们在课堂中的生命样子、价值和光彩。

长在课堂

我们的生命千差万别，因此我们的课堂千姿百态。我们生活在课堂，更成长在课堂。一个具有生长力的教师和团队，要研究课标、研究教材、研究教与学、研究学生，一个学期的研究成果令人欣喜。这一届"求真杯"有两个特点。一是"求真"理念得到了充分的体现。参赛的二十七节课课堂面貌发生了质的变化和飞跃，课堂有了设计精巧、操作精致、流程精准的教与学的过程，任务可见、内容可见、思维可见、行为可见、评测可见，学习在课堂上真实发生。二是学生参与学习得到了极高的重视，表现为学习的时间长、形式多、方法全、路径清、策略实及效率高。因此，今天的颁奖典礼上有一个更具学术性的环节——主题教研成果重磅发布。同时获奖备课组的代表还将现场展示成果。这是属于我们自己的研究成果，下学期我们将加大研究、实践和推广的力度，让这些成果为高效课堂服务。

长在课堂，长成我们自己希望的样子，也长成理想课堂需要的样子！

成在课堂

十年时光依旧，但你我皆不同。十年"求真杯"锻造了一大批好课、一大批好教师，更成就了一大批好学生。过去的 2023 年，一小的老师立足课堂，在各级各类比赛中摘金夺银，无论是单项课堂教学还是综合基本功比赛，我们展示出的实力和水平都是在每一节课中练就的。郭华教授说："在课堂里看见未来。"课堂应当成为人才培养的摇篮。课堂里要出好课，要出名师，更要出数以千计的好学生、好居民和好公民。课堂要为核心素养而存在，课堂更要培养师生带得走的能力！

我们活在课堂，长在课堂，其实也成在课堂。人生如课堂，课堂如人生。这些课堂里的所见所得，何尝不是对人生的所思所想！

求真十年，行在课堂。教育的尽头永远春暖花开！

崭新的 2024 年，祝福光谷蒸蒸日上，祝福一小闪闪发光，祝福师生幸福安康！

听，课堂上久违的笑声

——"求真杯"第二天听课所感

"孩子们，你能试着一口气读出这一长串的'呱'吗？"我一看，好长一串"呱"字，数一数有15个。孩子们接到指令，开始跃跃欲试——读得上气不接下气，但个个都读着笑着，笑着读着。老师也陪孩子们试着读，老师读得喘不过气来，孩子们乐呵呵地听着、看着。一年级语文课《青蛙写诗》就在师生的笑声中开启了。

突然感觉到，好久没在课堂上听见孩子们的笑声了。

今天是"求真杯"比赛的第二天。可人老师课如其名，课堂灵动，充满欣喜！整节课师生笑意盈盈，其乐融融，徜徉在小青蛙的童话世界里，和小青蛙一起去认识朋友、对话交往，感觉每个人都成了一只快乐自在的小青蛙。

笑声从哪儿来呢？开课时读15个"呱"，是想让孩子们初步体会标点符号的作用，激发学习欲望和兴趣，因为没有标点符号提醒，停顿不仅不好读，而且读不好。这是一个融感受于游戏的好设计！读中去感受，同时读又是一种好玩的游戏形式。原来笑声首先来自好玩的游戏。难怪有人说，游戏是人类的"出厂配置"，只是我们贬抑了这个天性。不管孩子们是当游戏读着玩，还是在读中玩游戏，初步感受标点符号作用的目标都在其中达成了。

《青蛙写诗》这首儿童诗很简短，轻快、活泼，只有五个小节。通过将池塘里的美丽景物"蝌蚪、水泡泡、水珠"拟人化，能激发孩子们丰富而又合理的想象；借蝌蚪、水泡泡、水珠这些生动、具体的事物来认识逗号、句号和省略号，很符合儿童的认知特点，读来很有意思！

教学是在拟人化的情境中继续的。学完第二、三、四节后，老师把三个小节中的对话放在一起，标红"我"与"我们"，让孩子们观察："读读对话，你发现了什么？"孩子们很快发现原来省略号是一串小圆点，再通过观察插图，对"我们"有了初感；而逗号、句号都是单个的，所以用"我"。通过对比来学习"我"与"我们"，就容易多了。"们"是本课的生字，老师联系生活引导孩子们组词——"她们""你们""人们""咱们"等，识字、学词在轻松愉快的氛围中进行着。在孩子的发言中不时会传来笑声，课堂是放松的，是自然的，也是友好的。

大面积的课堂笑声爆发在学习第五小节时。"呱呱，呱呱，呱呱呱。呱呱，呱呱，呱呱呱……"小青蛙的诗歌写好了，老师引导大家来朗读。标点符号的作用，一年级孩子无法通过解释或讲解来体会，只能通过具体可感的方式来意会。老师设计了三个环节来进行教学：

第一个环节是在逗号处加一个手掌，在句号处加两个手掌，在省略号处加三个手掌，孩子们根据手掌的多少做鼓掌停顿。老师读诗，孩子们拍掌；孩子们读诗，老师拍掌；男生读诗，女生拍掌；女生读诗，男生拍掌。这是朗读吗？更像是游戏。课堂上，所有孩子拍着掌，读着诗；读着诗，拍着掌，轻松、有趣。每个孩子都能参与其中，哪有孩子不快乐？

第二个环节是将手掌换成数量不等的爱心。老师说："这次读诗我们不拍掌了，在心里默念一、二、三，大家试试。"孩子们读着只有一个"呱"字的诗歌，读得那么认真，他们点着头，在心里默念着"一""一、二""一、二、三"，表达着"逗号、句号和省略号"。

在第三个环节里，老师把所有的标识都去掉了，换成了逗号、句号和省略号，孩子们继续读诗。

此时，游戏已经结束，但学习已经真实发生！

下课后，孩子们乐滋滋地离开了，但笑声似乎还在教室里回旋。快乐感染人，是因为游戏式的学习激活了孩子和听课的我们，激活了我们内心深处对自由、自主状态的向往。

其实日常校园里，我们听到的更多的是老师的讲课声、孩子们的发言声，孩子们情不自禁发出的笑声成了稀罕品。

今天一年级《青蛙写诗》的课堂告诉我们：有笑声的课堂，教学效果差不了！

数学是"做"的课堂

"求真杯"进入第三天，今天是数学专场。

以抽象思维为主的数学课，在很大程度上是需要"做"的。"做"设计、"做"实施、"做"评价，这是本次"求真杯"优质课比赛中重要的三个部分。有六节数学课表现得尤为突出。

"做"是观察和操作

一年级数学课《认识钟表》，孩子们围绕一个学具钟，开展了一系列"做"的学习和研究。观察钟面上的分针和时针，认识大格，观察整点时刻时针和分针的位置，发现规律：分针指向 12，时针指向几就是几时。此时，要观察钟面结构，观察时针和分针外形上的区别，观察时针和分针的位置，更要观察分针和时针的关系。这是"眼"和"脑"的强强联手、合作达成。

做的课堂，光说不练那是假把式。接下来操作"我拨你认""我说你拨"和"互相拨认"，让孩子们忙在其中，也乐在其中。老师说 7 时，学生开始拨。一时间孩子们拨得不亦乐乎。我仔细看了前面两排孩子的拨法：大多数孩子是顺时针使劲扭动钟面后面的拨轴；有的孩子却逆时针扭动拨轴；也有性急的孩子直接动手，拨动时针和分针到指定位置。操作时间到，老师开始展示交流了。

可是，课上老师并没有留意孩子是如何拨动的。课后，我问了前来听课的教研员和老师，他们给出的意见是要顺时针一圈一圈地拨动，这样一来可以体会一小时是 60 分钟，是分针转一圈时针转一大格；二来可以告诉孩子们时间不可以倒流的道理。你看，"做"的课堂看似设计得严丝合缝，其实做的方式、方法或路径还是值得斟酌和探讨的。

"做"是分析和推理

六年级数学广角"数与形"教学中，要体会数形结合归纳推理的数学思想，必须通过图形来解决数的问题。第二个环节"形中找数，以形解数"，表现得尤为突出。借助具体的图形，学生建立起数的概念好像并不难，难的是理解形和数之间的对应关系。

"如果让你拼出 4 层、5 层，一共需要多少个小正方形？"孩子们如法炮制，很顺利地推出了结果。老师继续问："如果拼成 10 层、100 层呢？"图形虽然直观，但随着数量不断增加，操作会变得不易，那么就要寻找数中隐藏的规律，进行详细的讨论，从而得出"连续奇数的和等于奇数个数的平方"这一规律。这一规律是经过观察分析，推理验证，思考归纳得到的。这个环节的"做"是"心""手""脑"多方合作的结果。

"做"是发现生活

三年级《数字编码》一课要求通过合作交流，探索身份证号码的编码特点。老师随手拍了四个同学的身份证号码，请大家观察有什么发现。孩子们在交流中发现了自己的出生日期，发现了一代身份证和二代身份证号码及数位的不同，从而发现了身份证号码所代表信息的不同，了解了身份证在生活当中的实际运用；接着用新学的知识判断每个身份证号码到底是谁的。因为它来自生活，服务生活，又回归生活，所以对于这种能促进"学以致用"和"用以致学"双向循环的"做"，孩子们兴趣盎然。

数学是"做"出来的，因为人类的计数方式是从投石计数到结绳计数、刻痕计数一步步发展起来的……数学是"做"出来的，因为今天的课堂给了孩子们体认数学学习方法论的机会，有了产生或创造的过程。从这个角度说，数学应该是"做出来的数学"，而不是"现成的数学"。我们的数学教育不能只致力于教结果，而应该注重教过程。

毕竟在这个过程中生长出能力、发展出素养，这是我们所有教育人的念兹在兹。

"做"的课堂，数学学科一骑绝尘！

秋日胜春朝

——《暮江吟》一课听课随笔

天高云淡，气爽风凉。

一个清清爽爽的秋天来了！气候舒心，心情亦然。

今天四年级语文组的主题教研活动正式开启了！刚入职的尹恒老师用一首《暮江吟》带我们进入了深秋时节。清秀温婉、不急不缓的尹老师，让课堂、让学习有了一种特殊的平和安静。这是一节典型的古诗教学课，但四（2）班的语文课堂给我带来秋日私语般的别样感受。这种感受来自两个方面。一是老师对于古诗的解读游刃有余，信手拈来。如学习"残阳"时，她是这样说的："傍晚，太阳落山时分，夕阳的余晖洒在江面上。""以诗解诗"的方式给了孩子诗意般的浸润。二是老师引导观察的角度新颖独特。学习"半江瑟瑟半江红"时，老师提问道："白居易在江边看了很长时间，他发现了哪些色彩？"与此同时，老师出示了白居易的诗歌中各种有色彩的诗句："春来江水绿如蓝""绿蚁新焙酒，红泥小火炉""最爱湖东行不足，绿杨阴里白沙堤"。孩子们在朗读中有了惊喜的发现，有了丰富的体认，我身边的孩子下课后说："白居易真是个色彩大师啊！"

登高望远——站在单元看课堂

秋天最令人心旷神怡的莫过于登高远眺，望尽天外天，极尽山外山！大单元主题背景下的课堂设计及教学实施也是此理。

四年级上册第三单元的人文主题是"处处留心皆学问"，告诉我们要学会观察；语文要素则是体会文章准确生动的表达，感受作者连续细致的观察。本单元的教学中，围绕"观察"可让学生学习观察知识，提高观察能力，渗透观察意识；围绕"表达"可让学生品味诗歌的凝练传神，体会语言的准确生动。放眼整个单元，应该如何去一步一步落实这两个目标呢？每篇课文承担着不同的任务，我们应根据每篇课文的内容、地位等有侧重地教学。教学《古诗三首》，可以以培养多角度的观察能力为要素落点，而从今天《暮江吟》一课的教学来看，可以从两个方面来解读和设计。一是学习观察的知识，形成观察的方法，如《暮江吟》一诗中诗人是怎样做到连续细致地观察的呢？——从江边景物的颜色、形状、变化、方位等几个角度来观察。二是体会作者准确生动的表达，确立诗眼或关键词，如对"铺""半"的体会感悟。这些都是古诗教学的必经之路，更是落实本单元语文要素的不二之法。这两者相融相合，可谓水乳交融，你中有我，我中有你，不可偏颇，不可割裂。

这或许正是教学中我们追求的最高境界吧。日常教学中，我们经常会遇到"两张皮"现象，人文主题的学习与语文要素的习得怎么也调和不到一起，各行其道有之，生拉硬扯有之，贴标签有之。之所以出现此类现象，还是因为没有很好地解读内容主题与学科要素之间的内在逻辑关系，找到关联点或载体，没有解决好形式与内容之间的关系。二十世纪九十年代初期，我的导师们常说的那句话，到今天仍是语文教学的宗旨和要义——"阅读教学无非是在教材中走个来回，即从课文内容到语言形式，再从语言形式回到课文内容。"

层林尽染——盯住目标定学法

秋天的美在于漫山遍野，在于层林尽染。确定目标后，指向目标的教学过程就应该像秋意一样浸染，像秋水一样流淌。

如果课堂教学从两个方面开展，即学习观察和品味语言，那么这节课将会焕然一新，甚至会成为语言内容和形式高度融合，"言意兼得"的案例。

所以在整体感知环节可以从一个问题进入："从哪些地方可以看出诗人观察得非常仔细？"不着急，让学生回答，学生会进入诗句中自由寻找体会，比一比谁找得多。

这里，我们可以大胆预测课堂的走向：

"从诗人描写的颜色（'半江瑟瑟'和'半江红'）中看出了他观察仔细。"

"从他描写的事物中看出了观察的仔细。他观察到了'露似真珠''月似弓'。"

"诗人不仅观察细致还进行了连续观察。一开始写了残阳西落，后面又写了月亮升起。"

"还有事物的形状，他也观察得很细致。"

这些难吗？可能有一点！但这些发言或感受是学生自主发现、寻找、体会和探索的结果。它实现了理解文本内容与获取表达方法的合二为一。这是真实发生的学习，哪怕只有一部分学生在进入也是教学的胜利。担心孩子对诗人观察的连续细致体会不深入？别急，教学还在继续呢！

如果说初读环节是"寻找观察"的话，那么接下来的"品味语言"既是语文教学的"根"，更是古诗学习的"魂"。在上一个环节，学生发现了诗人从颜色上、事物上、形状上、时间上、情感上写出的变化后，在这一个环节，我们可以让学生再次进入古诗，引导学生抓住关键字词"残阳""铺""瑟瑟""真珠""弓"体会诗人为我们勾勒出的夕阳西沉、晚霞映江、露珠晶莹、弯月初升的美丽图画：通过"残阳"一词感悟诗人观察的角度；通过"铺"感悟诗人用字之准确；通过"瑟瑟""真珠""弓"感悟诗人观察之细致；通过"可怜"体会诗人对大自然美景的喜爱之情以及离开朝廷纷争后内心的自由、宁静和美好。

岁月不早不晚，秋日恰如春朝，它热烈而温柔，百转千回地欲说还休。识尽秋天滋味，只道秋日胜春朝！

期待更精彩的《暮江吟》！

半江秋色半江诗

——再听《暮江吟》

秋天，一个既沉稳内敛，又富含诗意的词。今天小倩的新版《暮江吟》课堂一半秋色旖旎，一半诗意阑珊，可谓半江秋色半江诗！一年好景君须记，正是秋意浓。一节好课君须记，恰是诗意浓。我们不妨从欣赏的角度来看看这节课的精彩和难忘！

我走进教室，孩子们热情地向我问好。我说："我们四（6）班在演诵节上表现得很棒啊，你们创造了一种新的表演形式——合诵，让我记忆深刻！"看看孩子们开心的笑容，再想想孩子们十一前的精彩表现，我预感到今天将诞生一节好课！

一般意义上的古诗教学是"教诗"，但是今天的课堂我以为由"教诗"转变为了"诗教"，也就是诗歌教育。课堂情境之浓郁，想象之丰富，能力之提升，主题之升华，确实简约不简单！

诗教，给孩子诗歌的"汪洋"

古诗，是汉语的集大成者。几个汉字，塑造出一个万千气象的世界。

一节理想的诗歌课堂，老师在理念灯塔的照耀下，明晰诗歌教学的方法，加上拥有大量阅读储备，即可让诗文与阅读相互印证、相互拓展，从而进一步激发儿童的兴趣和向往，从而发现读法与意趣、发现诗意与美感、发现变化与内涵。今天的课堂上，老师用不同方式的读带领孩子们进入了一片诗歌的汪洋大海。尤其是课堂上的诗歌对比阅读，老师将同一作者不同时期、不同作者同一题材的诗歌进行对比，精彩极了！我们以"略读"为前提，就会发现，一个缤纷的、开放的世界在我们眼前展开。朝代、作者、题材，乃至诗歌形式、文化背景，都是可以随意摘取，进行对比阅读的。其中有关"残阳"的教学尤其精彩，老师从"残"的意思是即将消失开始，引导孩子们发现——即将凋谢的花，我们叫残花；即将落下的月亮，我们叫残月；即将枯萎的荷叶，我们叫残叶或残荷。接下来，老师出示了不同朝代不同的诗句："宋代诗人柳永写道：'杨柳岸，晓风残月。'唐代诗人王湾也留下这样的诗句：'海日生残夜，江春入旧年。'还有杨万里也写尽了残花之美：'残花犹可醉，细酌未须眠。'这就叫作残尽之美，别有韵味。"

更不要说一开课，小倩老师就用诗句营造了浓浓的氛围：

> 诗人就对黄昏有一种说不尽的情感。李商隐说："夕阳无限好，只是近黄昏。"诗人王维说："大漠孤烟直，长河落日圆。"马致远笔下的黄昏是："夕阳西下，断肠人在天涯。"这节课，让我们跟随诗人白居易一起走进《暮江吟》，去赴一场黄昏的邀约。

据不完全统计，这节课有十一首诗以不同的组合方式进入课堂，师生一道，或读或赏或悟。孩子们泛舟诗歌的海洋，抬头即是满天的月光和星光。

诗教，给孩子品味语言的"味蕾"

每个人的舌头上都有上万个叫味蕾的微小感觉器官，凭借它，我们才能感受不同的味道：甜味、酸味、咸味、苦味、辣味等等。因此，我们才能尝遍天下美味。

古诗学习同理。我们要着力培育学生品味凝练精准、节奏鲜明、富含音韵的语言之美的能力，即调动品味语言的"味蕾"。今天的课堂上，小倩老师的

"露似真珠月似弓"教学环节是个很好的示例。

> 师：这里的真珠指的是什么？（珍珠）从"真珠"这个词，你看到了
> 怎样的露珠？
> 生：它的形状是圆的，像妈妈戴的珍珠项链。
> 生：在月亮的光辉下，还泛着闪烁的光泽，多么晶莹剔透啊！
> 生：露珠和珍珠一样圆圆的，还闪闪发亮呢！

听听，看看，孩子们在老师的引领下，调动感悟、通感、印象、下意识等思维活动去触摸诗意，体味诗歌所引发的种种感觉——诗人通过比喻的修辞手法把露珠的形状和色泽写得优美而生动。

在品味"铺"字时，老师还用到了调动想象、补充表象的方法，让孩子根据眼前的美景和脑中的表象，试着读出它的美。老师的引导语更是诗意盎然："好温柔的夕阳呀！对，慢慢地铺开，铺字可以稍微读长一点；你把铺字读得特别悠长，读出落日余晖在江面缓缓铺开的感觉，我的眼前仿佛出现了一条金光闪闪的大地毯呢，真是美极了！"

品味是什么？原意是尝试滋味、品尝，引申义为仔细体会、玩味。在品味中去想象与领受特别的情思，感悟精练的、多义的语言（类似"心灵的探险"），自然会获得审美的愉悦。即使是生活经验很少的低年级学生，启发他们读诗时发挥想象，体味平时可能少有的感觉，比如孤独、寂寞、思念等，这也是在做一种"语言和情感体操"，还是下一场"润物细无声"式的"好雨"。

诗教，给孩子理想人生的"样子"

诗教的终极目标是把学习变成一种"价值观建构"的行为，让学生将学习和自身生活产生联系，建构新的认知，并以此让学生树立向上的、追求真善美的价值观，追求幸福的生活。

对"九月初三"的理解着实让我们眼前一亮。老师引导道："这是个什么

日子？它在中国历史上不是年，不是节，甚至不是任何一个特殊的日子，可为什么白居易就觉得它可爱呢？……我们常说'一切景语皆情语'，正是因为诗人心情畅快，所以九月初三这一天，这残阳、这江水、这露珠、这新月都是那么可爱。让我们带着诗人愉快的心情，再来读读这首诗——（配乐读）。"

此时我们和学生一起豁然开朗：原来这个大名鼎鼎的"九月初三"表达的是"此心安处是吾乡"和"若无闲事挂心头，便是人间好时节"的感受。此处，多一句吹毛求疵的话：此时不宜引出诗人辞官的背景，只体会日常生活的"小确幸"，更贴近孩子的生活实际。

古诗是我们准确、优雅地用汉语进行表达的典范文本；古诗更展现了古人从容、优雅的生活方式，是我们提升生活质量的生动参照，在这个一切讲究效率的快节奏时代里，它显得格外珍贵！

秋情静好，秋叶如诗。一纸秋色落在光阴里，落在江水上，落在课堂中，便给秋的教室增添了一笔别致的美。愿你我的秋，愿你我的课堂，有美丽的诗意，有舒畅的情怀，有秋天般的美好。

恰似今天的《暮江吟》，半江秋色半江诗！

汪洋恣意的史，凝练深沉的诗

——听《示儿》一课随笔

自古文史不分家，意思是说文学和历史是分不开的，文学中有历史，历史中有文学。这是中国几千年来的优秀文化传统！今天五语组丁天懿老师在《示儿》《题临安邸》组诗教学中，大胆尝试了这种传统理念指导下的古诗教学新模式和新教法，让人耳目一新。

五年级上册第四单元的人文主题，是著名爱国诗人艾青的经典诗句："为什么我的眼里常含泪水？因为我对这土地爱得深沉……"语文要素是："结合资料，体会课文表达的思想感情。"《古诗三首》中编排了三首典型的爱国诗：宋代诗人陆游的《示儿》、宋代诗人林升的《题临安邸》以及清代诗人龚自珍的《己亥杂诗》。除此之外，单元还编排了精读课文《少年中国说》《圆明园的毁灭》，以及军旅题材的略读课文《小岛》。

这些诗文都集中表达着人文主题中所折射出来的爱国情感，但它们都与学生当下的认知、生活有着较远的距离，难以激发学生内在情感的共鸣。即便语文要素提出了"结合资料"的策略，但要真正深入、敏锐地"体会课文表达的思想感情"——说实话，仍然是一件难事。

"文史不分家"表现在古诗和它所处的时代背景密不可分。宋代，无论是北宋还是南宋，都是个典型的"国家不幸诗家幸"的时代。85岁的陆游临终前赋《示儿》诗云："死去元知万事空，但悲不见九州同。王师北定中原日，家祭无忘告乃翁。"这首具有遗嘱性质的绝笔诗传诵千古。单元语文要素是"结合资料体会课文表达的思想感情"。课堂上老师抓住直接表达感情的句子"但悲不见九州同"中的"悲"字来体会，师生梳理出诗句中的思想感情线索：悲哀—悲愤—悲痛。小丁老师精准抓取文眼，条理清晰，分别从地理、历史、政治、人物生平及关键事件等方面，开启了大量的资料搜集和课堂融入工作。从地理资料中看北宋版图的变化对比，从历史资料中看北宋和南宋的形成，从人物生平资料中看陆游的关键事件，从朝廷政治资料中看引用的事实，这些都是老师拥有宏大的时代视野、开阔的课程理念和丰富的文史积累的体现，是一次语文学科和文史素养较高的老师才敢于尝试的探索。

但仔细回顾今天的课堂，40分钟的规定时间里，课外资料展示交流占据了较多时间，导致对课文本身的关注减少了，有喧宾夺主之嫌。师生搜集的资料浩瀚繁杂，使得诗文学习被海量资料所淹没，对于诗歌本身的品味或体会被严重削弱，这或许就是这种尝试带来的问题。找到了问题，就有了解决问题的方向或方案。

因此在看到小丁老师这节课的大胆尝试后，我们要思考资料如何更好地服务于学习，让学生有的放矢地体会情感。所以，让学生充分体会作者的情感就成了一个大难题。

怎么做更好呢？我们从"三个有"来设想下这节课的完善或优化版本。

一、有目的地整理资料

在今天的课堂上，我发现学生基本上是就自己感兴趣的点搜集资料的，内容主要是陆游的生平或北宋的历史，以文本的形式为主。所以老师在布置学生搜集资料时可以根据教学设计主题做个分类，如有搜集陆游生平的，有搜集宋朝历史、地理或关键事件的，有搜集当时朝廷政治的；同时还可以在形式上有更多的选择，如有文本，有图表、图片，有视频。如果今天的课堂能呈现纪录片《陆游》中陆游离世前和子孙对话的视频资料，不仅会让课堂内容呈现的方式更多元（有人物演绎，有对话丰富，有音乐渲染），也会使学生对于人物的理解及诗文情感的体会更深入。

今天课堂上学生自主介绍诗人生平时，说什么的都有，范围广，信息也有些杂乱。这反映了学生搜集资料的目的不明确。其实可以删繁就简，以陆游生平为主线，搜集陆游在一生中的关键节点留下的诗句：20岁时……48岁时……52岁时……老师读相关背景，做感情的渲染；学生朗读诗句，在朗读中进一步体会陆游的爱国之情，让情感得以升华。

二、有重点地运用资料

怎样用资料？这很考验老师解读教材和实施教学的能力。我试想从"悲"字入手，用图片对比的方法来理解"死去元知万事空，但悲不见九州同"一句中作者为什么"悲哀"。

第一次出示了国土被金兵占领前后的图片，形成了鲜明对比。"九州"被瓜分，国家被侵略，领土被占领，对于诗人来说，与死后"万事空"的人间儿女情长相比，弥留之际不能看到"九州同"，其"悲"更加痛彻心扉。第二次出示了汴京沦陷前后的对比图，一幅是繁华的汴京，一幅是沦陷的汴京，让学生用词语形容看到的景象，理解作者的悲痛，再读前两句诗。最后，又出示了南宋朝廷官员偏安一隅奢靡享乐的图片，老师做解读，学生再读前两句诗。可以猜想：一幅幅对比鲜明的图片，让学生在了解大致背景的基础上，更直观地看到了国土丧失、民不聊生、朝廷奢靡的社会现状，极大地推进了学生对诗人情感的理解。

三、有选择地拓展资料

课后老师出示了一个讨论题："请同学们结合手中资料，说说对于陆游而言，'万事空'意味着什么。他真的做到'万事皆空'，放下一切了吗？"这个问题有很好的拓展性，既是对资料的再次运用和二次理解，又能从中找出诗人情感变化的原因，因此，不管孩子们从诗人的生平中找到什么，无论是这个天才少年的辉煌过去，包括科举高中的高光时刻，还是他在朝廷之上遭受的排斥、屈辱，这些都是诗人所说的"万事"。而他渴望祖国统一、渴望收复山河的情感则会在这种比较阅读中呼之欲出。

今天的"文史不分家"的授课模式对于语文教学来讲是有益的研究与实践，值得肯定和鼓励。因为被历史喂大的孩子格局会炸裂——历史能丰富孩子们的知识储备，开阔孩子们的视野，助力语文、历史、地理等多学科的融合学习；因为文史兼备的语文教师素质会"爆表"，诗歌的浪漫精神与历史的家国情怀兼备。

唯有不断汲取储备积淀，敢于实践创新，语文课堂才能大开大合，如鱼得水，自在灵动。

任重而道远，我们一起努力！

"夏日"里的成长

——《夏日里的成长》听课随笔

十一月了，武汉还在过"夏天"。天气晴朗，尤其是午后甚至有盛夏的感觉。不过，今天韩尤丽老师执教的六年级语文课《夏日里的成长》恰逢其时，内容与时节相宜。

上午，汉川平章小学和汉川外国语学校两校一行二十多位老师来学校开展教学交流活动。多年前平章小学文校长参加"国培计划"时与一小结下的友谊，成为两校开展教育教学交流的美好纽带，即使是疫情期间两校也没有中断线下的互动。教育教学研究和实践中一直有这样的兄弟学校同行，多幸运！汉川外国语学校是个民办学校，在汉川享有盛誉。几天前，总校长听说此事，希望有一支教师队伍同行，年轻的王燎校长便带着青春的老师团队来到一小。于是三校老师围绕"新课标""新课堂"开展了一上午的"以课研标""以课会友"的教研活动。我陪同文校长听语文课。六（5）班的孩子综合能力强，是大家一致认可的。今天在韩老师的语文课上，我似乎找到了这个班之所以优秀的"答案"。

从语文要素的角度来解读——《夏日里的成长》是六年级上册第五单元（习作单元）的首篇精读课文，其主要功能是帮助学生从阅读中学习表达方法（单元语文要素"体会文章是怎样围绕中心意思来写的"即本课学习重点），为完成本单元习作要求"从不同方面或选取不同事例，表达中心意思"做好学习准备。

从人文主题的角度来解读——散文《夏天里的成长》围绕"夏天是万物迅速生长的季节"这一中心，描写了夏天里有生命的植物、动物，无生命的山河、大地、铁轨、柏油路等的"生长"，最后写到人的成长，从不同角度表现了夏天里万物的生长，构思巧妙，中心突出。

从表达方式来解读——文章的语言表达方式非常契合"夏天是万物迅速生长的季节"这一中心。文章以描写为主，语言优美，短句居多，读起来富有节奏感。不少结构相同的句子，读起来朗朗上口，具有画面感。

经过这三个方面的解读，本文的学习目标好像已经很清晰了，但对于经验丰富且善于创新的韩老师来说，这不是课堂理想，更不是理想课堂。她的"尝鲜"和"创新"基于她对"优质门生"的自信。今天，韩老师成功了！

体悟生机勃勃的"生长感"

我走进教室的时候，师生正在梳理课文中用到了几次"长"字。孩子们最终发现包括课题在内有 23 次。老师提出一个中心问题："围绕'长'字，作者写了哪些事物？哪一种事物让你有'生长感'？找出相关句子并做批注。""生长感"，多有感觉的词语啊！孩子们进入文本进行寻找、理解和体悟，这是一个深度理解文本内容的过程，所以这个问题是一个极好的启发阅读的问题。学生回应："'昨天是苞蕾，今天是鲜花，明天就变成了小果实'这句话中，'昨天''今天''明天'三个表示时间的词语连着用，表现出事物在迅速地生长。"老师引导："这是用表示时间的词语来表现生长感，你能读出来吗？"学生试着读出"昨天""今天""明天"，轻快而跳跃。此时，体悟夏日"跳跃的长"的特点的目标已经达成。同时，表示时间的词语"几天不见""个把月不过来""一天""一夜"等也浮出水面，学生体会到了"飞快的长"。而"活生生的看得见的长"这个特点，老师让学生通过梳理各种生物的生长，进行整体感知，如从"苞蕾—鲜花—小果实"的变化中，体会植物的生长是看得见的变化、看得见的惊喜。

"草长，树木长，山是一天一天地变丰满。稻秧长，甘蔗长，地是一天一天地高起来。水长，瀑布长，河也是一天一天地变宽变深"这段话，老师则用"因为……所以……"的句式来引导学生朗读感悟。"因为草长，树木长，所以山是一天一天地变丰满。"引导学生体会山变丰满的原因。"因为稻秧长，甘蔗长，所以地是一天一天地高起来。"引导学生体会地是怎样高起来的。这些都是无生命的山川草木，如何体会这种生机勃勃或者旺盛的生命力呢？变式朗读不失为一种办法。如果能打"组合拳"，如通过这些事物在高度、长度、宽度、深度等方面的变化来表现大地万物都在生长，效果可能更好！

发现眉清目秀的"条理感"

"课文写了这么多内容，有没有零乱的感觉？为什么？"学生从两个方面开始了发现之旅。学生回应道："每个自然段都在写不同的事物是怎样生长的。老师继续追问："那这三个自然段分别在集中写什么呢？"三个自然段分别写动物植物、山河大地和人的答案水落石出。这个不难，尤其对于六（5）班的孩子们来讲。老师"趁热打铁"："那大家再看看每个自然段写了那么多内容，又是怎样做到条理清楚的呢？"一阵讨论之后，学生发言了："第二自然段是写生物在夏天飞快生长的样子。"接下来引导学生在阅读中找出文章中心句，用中心句统领各种事物，从而理解作者如何有序地表现夏天里的成长，初步领悟"从不同方面表达中心意思"的表达方法。

今天听课，我思考得更多的是：教学的本质是促进思维，实现学生的"学"。课堂上，教师怎样激发学生的内在学习动机，激活或提升学生的思维能力？一是教师解读教材或要素的能力要强，要从学生核心素养的层面来挖掘学习内容；二是要搭建支架、设置矛盾或聚焦问题，给学生搭梯子，帮助他们实现登高的可能，从而激发思维动力。而现在很多课堂设计或问题，让学生的思维停留在表面，无法深入地进行思考，甚至有些设计或问题根本不需要学生思考。

因此，今天韩老师的两个问题"哪一种事物让你有生长感"和"课文写了这么多内容，有没有零乱的感觉？为什么？"有一石激起千层浪的效果，能让孩子们饶有兴致地阅读、思考、讨论和分享，是个很好的教学案例。

品尝笔尖流淌的"创作感"

本单元是习作单元，在新课标大单元教学设计中，本课要为"从不同方面或选取不同事例，表达中心意思"做好学习准备。因此，本单元的选文在一定程度上有习作例文的作用或性质。老师设计了一个读写任务：从不同的特点出发或选取不同事物，如果让你来写，你会选择哪个季节？

在第一课时，用了列小标题的方式进行练笔，虽说没成文，但孩子们的思路打开了，结构清晰了，语文习得了，我想这也正是第一课时的读写结合的基本思想和策略。可以推测，只要坚持读以致用，用以促写，读与写的能力就是齐头并进的。我随手拍下了孩子们课堂的提纲照片，书写与条理一样清清爽爽！

下午放学时，大风起，秋叶被吹得乱了方寸。天气预报说"武汉要从夏天变成冬天""武汉天气满 30 减 10""暴雨大风降温来袭"。看来秋天果然被忽略。再想想文中的那句话："人也是一样，要赶时候，赶热天，尽量地用力地长。"这里的"热天"哪里是指季节，只要是有利于学习知识、有利于成长的时间就都是"夏日"；而那个"长"字也不仅仅指身体、年龄等的生长，还指知识的积累、认识的提高。

是啊，人生何时不"夏日"，人生何处不"成长"！

读读说说，背背用用

——小古文《司马光》一课教学定位

人生有许多个第一次，所以尤其要重视，因为它们太重要！

下午第一节，三（16）班上了一节小古文课《司马光》。因为下周有个"同课异构"的教研活动，所以许杨华老师借班上课。这是孩子们在小学阶段第一次接触小古文，这样的第一次多么重要和珍贵！第一次的小古文学习要给孩子们带来怎样的感受或体验，这是我们在讨论这节课的教学定位时重点思考的问题。

大家一致同意：如果用一句话来表达，那就是小古文很好玩！这样的教学价值观或课堂愿景，好棒！要让孩子喜欢上小古文，该用怎样的教学设计或流程来支持或落地呢？大道至简，我想不如就用"读读说说，背背用用"来确定课堂的流程。

读读：读进"字里行间"

读的重要性自不必多说。作为小古文教学，读出停顿、读出语气、读出表情、读出情节是本节课的基本环节、内容和标准。在"众皆弃去，光持石击瓮破之"这句话的教学中我们来看看怎样读，读出什么。

师："众皆弃去"，这里"弃"说的是？

师：你为何弃他而去？

生：我特别害怕，吓得跑了。/ 我想找工具救他。/ 我去其他地方找大人帮忙。

师：老师听出来了，你们很着急！一个小孩子淹没在水里，很快就会窒息，失去生命。就在这危急关头，司马光是怎么做的？

生：他捡起地上的石头，砸向瓮。

师：环顾周围，年仅七岁的司马光很快就有办法了。他的办法是——捡起地上的石头，用力地砸瓮。

师：他丝毫没有犹豫，对着这个又高又大的瓮怎样砸？（生带上动作读 / 全班带上动作读。）

师：他肯定是使出了全身的力气才把瓮砸破，那你们能"读"出司马光的动作吗？（生重读动作"持、击"，体会救人心切的心情。）

读到有声有色的时候，老师又别出心裁，设计了三个方案，让学生进一步将古文熟读成诵，它们分别是"摇头晃脑读古文""抛开标点读古文""竖排繁体读古文"。小古文读的目标达成一定是指向背诵的，因此，到了最后，全体学生都在课堂上将古文熟读成诵。

什么语法知识，什么文辞结构，在第一次的学习中我们完全可以忽视它！哪怕囫囵吞枣，也不用怕！

说说：说出"命悬一线"

较为浅易的小古文，学生在扫除典故的障碍后，一读就懂。那么，如何让学生从"了然于心"走到"了然于口"？学生对司马光砸缸的故事已经耳熟能详，所以本节课教学定位在说上，应该是绘声绘色地乃至手舞足蹈地边演边说。

师：一儿登瓮的时候，你猜他那么高兴，可能会说什么？

师：当他这么得意的时候，下面看的小朋友，他们想对他说什么？

师：这多危险呀！话音刚落，就发生了什么事儿？

师：他一失足，就掉进去了，只听见一声——扑通。他整个人都——淹没在水中了。

师：请一位同学来画一画水位线。为什么画这么高？

生：孩子已经完全淹没在水里了。

师：此时此刻，情况非常——（着急/危险）。同桌两人一组说一说当时"命悬一线"的场面。

从课堂表现及价值看，这个在中国家喻户晓的故事的语文教学价值在哪里？我想这是丰富儿童口头语言表达的契机，并能以从口头表达中体会到的情绪情感带领读的步步深入。

背背：背出"绘声绘色"

据不完全统计，本节课上学生各种形式的读有十二遍之多——范读、领读、自读、对读、练读、演读、评读等。因此课后的评测结果是几乎全班学生都在课堂上将古文熟读成诵。这个学习目标的达成宣布这次教学基本成功。如果一节课教学下来学生还不能背诵只有三十个字的小古文，应该说是极大地浪费了师生的时间和精力。

再说，没有背诵，谈何积累？缺乏积累，哪来运用？不能运用，学它何用！

用用：语用"小试牛刀"

教学至此，如果继续教"读"，事早过三，难免乏味。让对古文已有一定认识并在心里有些跃跃欲试的学生动口说一说，体验一把学以致用，穿越一下古今，是这场"书声琅琅"的古文学习提供的一种由"静"而"动"的调适，又让学生经历了课堂学习的实操演练。"群儿戏于庭"这句话的语言学习、模仿很有意思。孩子们通过组词的方法理解句意后，老师创设了几个生活场景：

师：一群孩子在庭院里玩游戏，文言文说"群儿戏于庭"，那一群孩子在庭院里跳舞／唱歌／学习，该怎么说？

生：群儿舞／歌／学于庭。

师：那要是换个地方，一群孩子在书院里学习呢？

生：群儿学于院。／群儿习于院。

师：真是了不起，这就是古人说话的样子。

一节课，读读说说，背背用用，这是语文学习的样子。一节课，边读边演，边演边说，这是儿童学习的样子。这样的第一次小古文学习，是我们希望送给孩子们的礼物——小古文很好玩！

嘴上功夫，还得练

——《Unit 3 Colors》现场改课记

周末的雨水冲刷，换来了周一的天清云淡和阳光明媚。

今天第二节课时，我去听三年级英语课《Unit 3 Colors》。走进三（5）班的教室，水磨石地面干净得发亮，班上收拾得整洁清爽，身着校服的孩子们热情地挥手，和听课的老师们打招呼。我在教室门口第一排坐下，看着教室里一双双发亮的眼睛，这种感觉真是美好！我想起班主任潘洋，那个长着洋娃娃脸的女孩两年前入职时不知道哭过多少回，现在我听课观班，她的成长是看得见的！

执教的老师叫韩琳，九月刚入职一小。她外表干练，笑容可掬，有着五年的教学经历，和孩子互动自然而融洽。虽然她接班刚两个月，但我感觉到了师生的熟悉和亲近，看得出她有成为一个好老师的潜质。教室后面坐着一整排三、四年级的英语老师，大家一起听课研讨。近几年，英语组不断壮大，且个人素质都很不一般。这样的团队我们应该怎样带领呢？

《Unit 3 Colors》一课的学习目标很明确。一是能听说读写关于颜色的单词（white 白色；pink 粉红色；blue 蓝色；orange 橙色；black 黑色；green 绿色；red 红色；yellow 黄色；purple 紫色；grey 灰色；brown 棕色）。二是能运用"What colour is it？""It's yellow."这个问答句型来进行颜色辨认。

追问一：还有其他教学方式吗？

热身环节是学唱一首节奏欢快的颜色主题英语歌曲，孩子们唱得神采飞扬，英语学习在这样宽松自如的环境下开始了。设计单词学习，韩老师是认真的。韩老师从一个普通的盒子里变出各种颜色的粉笔，自然引出了三原色的单词。课堂的神奇之处在于三个透明的矿泉水瓶出现后，老师摇啊摇，三种"透明无色"的水变成了三原色，孩子们惊呼:Red！ Yellow！ Blue！接着老师用红色加蓝色勾兑，再次摇啊摇，"purple"出现；用红色加黄色勾兑，再次摇啊摇，"orange"出现。这种变魔术的方式，让孩子们不仅感受到了色彩的神奇变化，而且对新单词过目不忘。

课后，我们围绕单词学习部分进入现场改课环节。大家讨论：呈现方式还有优化的空间吗？陆主任说，单词呈现时老师最好还是板书，这样可以进行自然拼读的练习，教给学生拼读的方法和规律，还可以发挥老师现场书写示范的作用。有老师说，现场有些手忙脚乱，能不能直接将一部分单词贴在教室一边，单词呈现后让学生去找对应的词条，试试学生对单词的感觉或直觉。这个想法我很赞同。语言学习中有一个很重要的部分就是培养语感，其实就是培养人们对语言文字的敏锐感受力，我的理解是"不经过脑子"也能"脱口而出"或有"似曾相识"的感觉。

在单词综合练习部分，大家觉得还可进行学科融合的尝试，比如用美术学科的色相环这一学具进行单词的多种形式练习，使学生熟练进行听、说、读；比如在"LOOK AND SING"环节各种旗帜出现的部分，如果能分类分层地呈现国旗、党旗、团旗、队旗，让学生说出其主要颜色，就可以自然进行爱国主义教育。

大家你一言我一语，课堂设计呈现出更加多样的听说活动，学生观察身边事物色彩的角度多元了，单词学习也更加深入和生动，正如老师在课尾呈现的主题:Color makes a better life！

追问二：句式训练的密度还能更合理吗？

句式训练是围绕着"What colour is it？ It's（yellow）."这段对话展开的，听说读写安排得很全面。尤其是练习对话部分，老师安排了互相问答、自问自答、全班展示等环节。课后，我们围绕"如何让句式训练的密度更合理"展开现场改课。

老师们发现，在今天的对话练习各环节中，孩子们都是两人一组进行对话交流，但对话一般是你问我答，我问你答地多轮进行，况且生活本来就是五颜六色的，色彩是孩子们生活中的最爱。同桌练习对话时，我旁边的两个学生，女生的观察及口头表达能力明显比男生强，女生指指男生的杯子，他心领神会："What colour is it？"女生回答："It's blue."女生指着自己的校服："What colour is it？"男生想了想说："It's purple."此时，他俩观察色彩的范围和话语体系完全打开，一口气完成了六轮对话。当我把我的课堂观察描述给大家听时，有老师说，可以设置一个升级的展示版本：看同桌能进行几轮对话，轮数最多的组获胜。大家一致赞同。有老师建议在最后环节给出两间教室（灰色和彩色）让学生去比较评价，这也是很好的想法。韩老师可能有点慌张，怕上不完，很多话都由自己说了，但如果由学生表达出来，课堂会更灵动。

嘴上功夫，可不是什么耍嘴皮子，而是把知识、方法和技能的传授用最恰当的方式表达出来，有条理地表达，精彩地表达。三年级起步阶段的英语课，内容不多，难度不大，且内容来自孩子的生活，因此，上手上口相对容易。所以，要创设各种教学或生活情境让学生有声有色地说、读、问、答、演、唱，在这些喜闻乐见的方式方法中，学生的语感语调自然会形成，更重要的是学生拥有了语言学习的掌控感和获得感，语言学习变得自然而然。

"相声有四种形式。""哪四种啊？""说，学，逗，唱。"这三句是大家耳熟能详的相声开场语，也指明了相声的基本功。英语学习也有四样基本功：听说读唱。套用郭德纲的一句话：嘴上功夫，还得练！

《伯牙断琴》为哪般？

——《伯牙断琴》一文再读

《伯牙断琴》一课教学已过去近一周了，我对于这个千古佳话意义的思考还在继续：文中那个让人心碎的"断"字背后是一个怎样的俞伯牙？课中，孩子们在看待伯牙断琴这件事时，其态度之轻率、断然，让我久久不能释怀。

一周以来，我一直在想：伯牙断琴的深切意义到底是什么？

美丽的汉阳，芳草萋萋，古琴台与琴台大剧院古今相望，相映成趣，跨越千年的高山流水觅知音的故事仿佛就发生在昨天。春秋战国时代的著名音乐家俞伯牙与钟家村一介樵夫钟子期之间有怎样的精神交往？他们是怎样的心有灵犀？查有实据的史料只有一段话：

> 伯牙善鼓琴，钟子期善听。伯牙鼓琴，志在高山，钟子期曰："善哉，峨峨兮若泰山！"志在流水，钟子期曰："善哉，洋洋兮若江河！"

古今中外，能听懂音乐的人不在少数，能听懂琴声表达的心声的人却极少，且非常人。伯牙在大自然的调教下，琴艺已突破了技巧的层面，他在用身心演奏、表达。对于伯牙来讲，琴为心生，琴声即心声。因此，我们可以推断子期在琴声中听到的不是巍然高山、滚滚江水，而是一代乐师要表达的无限情怀。"仁者乐山，智者乐水"，高山耸立般的琴声是伯牙高山仰止的道德向往，江水滔滔般的琴声是伯牙有容乃大的人生理想，这些表达谁人能懂，谁人能知？一介樵夫钟子期也。《管鲍之交》中鲍子牙长叹道："生我者父母,知我者管仲也。"伯牙也一定感叹过："生我者父母,知我者子期也。"

就这样,一代琴师伯牙与一介樵夫子期在封建等级森严的时代,跨越世俗,跨越尘间,成为至真至诚的知音。

"情义无价"是伯牙和子期对情义的诠释,"情深似海"是伯牙和子期的心灵相惜,"惊世骇俗"是伯牙和子期给后人留下的精神震撼。读到这里,伯牙断琴哪里只是"一扯""一摔"的悲愤之情? 在子期墓前,伯牙曾经写下了一首短歌,来悼念自己的知音:

忆昔去年春,江边曾会君。今日重来访,不见知音人。但见一抔土,惨然伤我心! 伤心伤心复伤心,不忍泪珠纷。来欢去何苦,江畔起愁云。子期子期兮,你我千金义。历尽天涯无足语,此曲终兮不复弹,三尺瑶琴为君死!

伯牙断琴绝弦源于对知音去世的痛惜,他以这种独特的方式表达对子期的深深怀念和感激,可谓千古一绝。伯牙断琴谢知音的故事之所以感人肺腑、千古传诵,是因为它深刻诠释了重情重义的品质,这是中国优秀传统文化的精髓。

课堂上,孩子们发表过对"伯牙断琴"的看法:"我觉得天涯何处无芳草,朋友还可以再找嘛!""伯牙高超的琴艺和艺术道路从此断送,我觉得很可惜!"这种看似很符合现实的想法实则与文章的主旨是相背离的。伯牙情义至上的情怀及美好形象轰然倒塌,珍惜与朋友的相识相知的教学目标未能达成,我很遗憾!

唯美、高贵、典雅的伯牙断琴,在今天"人走茶凉"的炎凉世态中何等珍贵,"情义"二字应是课上、课后镌刻在孩子们心中的碑文。

我得重上此课,只为"情义"二字。

我用黑色的眼睛寻找光明

——《触摸春天》课文解读

下午，听了来校交流的汉川老师执教《触摸春天》。一节课，我记下的不多，把更多的时间用来细读这篇仅有七个自然段的文章了。我从读者的角度、孩子的角度、教者的角度，试图解开课文留给我们的语言密码、情感密码及价值密码。

想起文中那个叫安静的盲童，顾城的诗句"黑夜给我了一双黑色的眼睛，我却用它来寻找光明"让我豁然开朗。桃红柳绿的春日里，那个叫安静的女孩让我明白了这句话的含义，更让我对这节课的教学有了美好的渴望和憧憬。

读这篇文章时，我的心底异常柔软。"安静在花丛中穿梭。她走得很流畅，没有一点儿磕磕绊绊。安静在一株月季花前停下来。她慢慢地伸出双手，在花香的引导下，极其准确地伸向一朵沾着露珠的月季花。我几乎要喊出声来了，因为那朵月季花上，正停着一只花蝴蝶。安静的手指悄然合拢，竟然拢住了那只蝴蝶，真是一个奇迹！"对于一个正常孩子来讲，这是个再普通不过的动作，但这个特殊的孩子给我们的内心注入了一剂柔化剂。这个敏感、细腻、丰富的女孩是那么让人生怜，你会不由自主地关注她、呵护她、帮助她。所以这篇文章一定能很好地唤醒孩子内心深处善的本性，带领他们关注一个自己完全不曾了解的世界，去感受、体会、触摸盲童们的心灵世界。从这个角度来看，这篇文章与孩子有着天然的联系，有着丰富的教学价值和可能性。课堂上，孩子们能为安静欣喜、激动，为安静担心、惊讶，语文的人文性不就在体会、感悟语言的过程中呈现出来了吗？

读这篇文章时，我的呼吸细弱无声。读文章，我不敢大口呼吸，生怕惊动用心聆听的安静，惊扰那只美丽的蝴蝶。文中的场景是安静的，文中的人物是恬静的，如同静谧的早上，充满清新。放下所有的杂念，才能走进那个让人心颤的孩子的内心。所以课堂上，可以有无声的细流，也可以有叮咚的泉水，但一定不能有嘈杂的言语、热闹的游戏。静谧是与这节课最匹配的基调。

读这篇文章时，我的内心充满阳光。一个孩子能带给成人什么？一个盲童又能带给我们什么？但不管是什么，一定比成人带来的更为深刻、更为震撼。"谁都有生活的权利，谁都可以创造一个属于自己的缤纷的世界。"她双眼虽然闭着，内心却有缤纷的世界、五彩的世界。一个生活在黑暗世界的孩子内心尚且如此绚丽，如此充满情感，我们有什么理由不好好生活，不好好珍惜？

读过文章，相信你的内心一定充满阳光。海伦·凯勒说："我的身体是不自由的，但我的心是自由的。"央视的著名广告语也这样说："心有多大，舞台就有多大！"由此，我想到了《失落的一角》中的那个小球，因为缺了一角，所以有时它会停下来和虫子说说话，或者闻闻花香；有时它会超过一只小甲虫，然后小甲虫又超过它，但这是它最美好的时光。人生不就是这样吗？内心充满阳光，乐观面对生活，才是生活的真谛。谁都有生活的权利，谁都可以创造一个属于自己的缤纷的世界。

你有，我有，万事万物皆有！

风一样的孩子们

——秋阳下体育课上的若有所思

天气真好！十一月了，恍惚间还在夏日深处。

一大早的操场上，阳光就格外晃眼，不能直视。蓝绿相间的操场十分漂亮，孩子们脱掉外套，身着短袖上场，自在洒脱！

"各种方式的爬"是今天一年级体育课的主题，老师创设了一个情境——师生一起去动物园。热身操音乐一响，刚刚还"旁若无人"的小不点们便手舞足蹈起来。热身的目的是让身体动起来，同时体会去动物园的路上蹦蹦跳跳的感觉。

执教老师叫严璨，是个阳光大男孩，平常很是腼腆，见人总是羞涩地笑，但跳起舞来光芒四射，很感染人。严璨和一小有着"一见钟情"的过往，在学校一时传为佳话。严璨实习期间在一小代课，深受师生喜爱，他自己也很喜欢一小的氛围，以至于虽然考上了其他区域的编制，却异常纠结。后来他立下誓言："明年我还要考回一小！"果然，去年五月社招，他欢天喜地地回来了！

在我的认知里，体育课是最自由的学科，也是最能表现老师专业功底的学科。因此体育课是千姿百态、五彩斑斓的。课标围绕"运动能力、健康行为、体育品德"三个核心素养目标，提出的"基本技能、体能、健康教育、专项运动技能、跨学科主题学习"五个课程内容下有不同层级的目标要求。举个例子来说，专项运动技能中球类项目的学习，从"基础知识与基本技能、技战术运用、体能、展示或比赛、规则与裁判方法、观赏与评价"六个维度，对每个水平都提出了具体要求，呈现了球类项目教学内容的系统性和进阶性。也就是说，体育课有核心素养，有不同领域的项目下的学习内容，有内容的系统要求，更有水平目标要求。新课标颁布后还没有新的教材，但正是因为没有教材，才给了体育学科更宽广的自由设计和创造的空间。

热身后迅速进入了今天学习的主要部分——体验各种小动物的爬。老师做动作学生猜动物，学生做动作其他学生猜动物，游戏化的引入方式让孩子们乐在其中。手脚着地的猩猩爬、肚皮朝上的蚂蚁爬、笨手笨脚的大象爬、拉长身体的蜈蚣爬……课堂情境中的动物园里有各种小动物，孩子们发挥自己的想象力，用身体表达着动物爬行的样子。看着孩子们可爱的样子，我出了神，想起儿子刚学会走路那会儿，每天晚饭后在操场上玩，几个差不多大的小朋友一起比赛跑步。发令声响，只见哥俩儿跑不了多远，就手脚着地用力向前爬，那欢快的样子让操场上的同事们笑作一团。我问哥俩儿原因，他们磕磕巴巴地说："四个脚跑得快！"这件事一时传为学校的笑谈。

"各种方式的爬"的动作难点是手脚并用，协调发力。从孩子们的表现来看，手脚并用都能做到，但协调发力就有问题了，有不能保持平衡的，有方向跑偏的，有速度特别慢的。所以教学应该在这里下功夫，而不是只强调手脚并用，协调发力的动作要领。一年级孩子这时需要借助老师给予的动作支架，老师的辅助或同学的互助来理解什么叫协调、什么叫发力。

我很喜欢一个与"知识教育学"相向而立的概念，叫"身体教育学"。它本初的意思是"身体力行的教育"，表现为亲身感受、以自己的身体与野兽搏斗、以自己的身体与自然对抗等"身体活动"。现代教育主张身体是教育的根本，在教育过程中始终坚持把每个人的身体作为教育的出发点和中心点。翻开《汉语大辞典》，发现对体育的解释是：辅助身体成长发育、增强体力体质的教育，即身体教育。卢梭说："教育的最大的秘诀是使身体锻炼和思维锻炼互相调剂。"教育中物质身体与精神身体的互动很重要，只有两者互动起来，才可能互相建构，才有全面与协调发展的可能。

回到体育课上，今天孩子们在课上学会了各种方式的爬，其中有身体教育吗？当然有——手脚并用，协调发力。有思维锻炼吗？解放身体就是解放思想。

任何身体做出的响应指令的动作，都是思维的结果。怎样爬？方向在哪里？怎样和伙伴合作？每一次思考都是思维的高级运算。锻炼我们的四肢、我们的感觉和各种器官吧，因为它们就是我们增长智慧的工具。

"每一个自我都是一个身体。"我们每个人都拥有一个一生受用不尽的礼物，那就是身体。打开身体，让它健康自在、自由舒展。相信身体学会的，谁也拿不走。

六点半，我关上电脑，离开办公室。此时，学校仿佛成了夜校。足球场上灯火通明，三支校队的孩子还在训练；两个篮球场上上百个孩子在反复练习跑、运、投的基本动作；体育馆里羽毛球、乒乓球训练还在进行；啦啦操馆里爵士音乐中老师的口令清晰有力。孩子们乐此不疲，挥汗如雨，酣畅的感觉就有了；他们反复练习，韧性和毅力就会在不知不觉中生长；他们打配合练技术，智慧就自然形成……如此场景让我不得不感慨——"各种教育理论的落脚点其实最终都在身体，当教育开始关注师生身体的时候，教育就真的脚踏实地了。"

如何将身体教育与知识教育更好地融合起来，实现脑体双优呢？体育是极好的育人方式。让我们的学生都成为风一样的孩子！

如果我来设计这节课

读完《错误地以诗解诗？》这篇课例，在惊叹老师扎实的语文功底之余，我陷入了思考：语文课堂上到底是讲还是不讲，究竟由谁决定？要遵循怎样的规则？

《论语》说："不愤不启，不悱不发。"意思是说，学生在学习中有了困难，想弄明白而弄不明白，想说又说不清楚的时候，教师才以自身的理解、体验、积累去开导、启发他。我以为这就是"讲"。

课例中有两个"讲"的精彩之处：一是开课时教师以诗句导引，激情介绍作者的笔名，为学习诗歌做好了铺垫，更意外的是作者极富诗意的笔名使得一开课就涌动起点点诗意；二是理解"你的心，恰若青石的街道向晚"一句的意境。老师引用"向晚意不适，驱车登古原"的名句，帮助学生理解"向晚"，然后引发学生想象：这个女子是怎样等待归人的？于是学生想象的大门被打开："成千上万的人从她面前走过，没有一个是她的心上人。她等啊，等啊，一直等到暮色降临。"虽然只有一位学生发言，但我相信那个"美丽凄哀"的小妇人已经走进了学生们的头脑中，学生们为她惆怅、失落、痛苦……这就是把握学情和课堂反应的"讲"。但纵观全篇案例，我又为老师在诗歌意象感知上"自说自话"，在诗句把握上"越俎代庖"、大行"演讲之风"而扼腕叹息。

平日听课，我总有一种习惯：换位思考——如果让我来设计这节课我将怎样实施？读着课例，我在思考"如果"这两个字会给课堂带来的变化。

如果充分尊重学生的知识积累，如果还读于语文课堂……

如果课前布置学生自行搜集与"江南""春风""送别""莲花"等关键词相关的诗句，那么在重点赏析部分我们就会听到学生争先恐后地吟诵"几处早莺争暖树，谁家新燕啄春泥""春来江水绿如蓝，能不忆江南""春江花朝秋月夜，往往取酒还独倾"……尘封在学生记忆中的诗句被唤醒的同时，如画的江南已悄然定格于小诗的情绪背景之中。

东风即"春风"，是小诗以反差手法表现妇人凄怨的重要物象，当学生脱口而出"人面不知何处去，桃花依旧笑春风""春风又绿江南岸，明月何时照我还"等诗句时，他们对诗句的理解、感悟会不会更胜一筹，更上一层？"一切景语皆情语"的写作手法也就自然会被学生理解、接受。

如果课堂上我们还能听到学生吟咏、朗读诗歌的声音，我们可以想象：学生有的会细细品味，有的会慢慢赏读，有的还会沉浸其中。对于高中生来讲，"书读百遍，其义自见"恐怕是比单独的讲授更有意义也更有效的学习方法。"读"的回归将会大手笔地改写本课的教学设计。

可惜，我们在课例中感受到的是教师的滔滔不绝、自我陶醉，课堂没有调动学生原有的诗歌积累，更谈不上有学生心灵的参与。充满人文色彩的诗歌被如此"以诗解诗"，这也许仅仅满足了教师语文素养的自我展示，学生只是看客或过客而已！

如果课堂上教师的表述少一些，关注学生的感受多一些……

此篇课例中，教师的语言占据课堂语言的三分之二还多。虽然师生语言数量之比不能成为唯一的评课标准，但过多的教师个人表述，反映出教师内心深处"我讲你听，我才放心"的唯"讲"观。在45分钟的有限时间里，大量的教师语言剥夺了学生对文章进行感悟、理解以及学生间交流碰撞的机会。如果理解"向晚"后，感悟整句诗的意境时，教师这样提问："同学们，设想一下，暮色苍茫中，那女子会在怎样的环境里怎样等待着她的心上人？"相信学生心中涌起的想象绝不会仅仅只有教师表述的两种情境。

有一位执教《雨巷》的教师在学生听完录音后，设置了这样一个问题："你们与戴望舒交谈的时候，有没有看到什么、听到什么或感觉到什么？"学生的反应非常热烈，有人说看到一大片浓浓的紫色，有人说看到发亮的雨珠从纸伞与丁香花瓣上滑落，有人说他闻到了一股淡淡的丁香花的味道。各式各样的感觉从学生的心中涌出来，让人无比惊喜。诗的意境被不断地拓展，学生的心与诗人的心慢慢接近，直至相撞。"一千个读者心中就有一千个哈姆雷特"，诗歌更是一个自由的国度。个性化的文本解读怎样落实？需要多多创设学生与文本对话的平台，让他们与作者、与主人公交流，而不仅仅是教师与文本在对话。

（原载于《人民教育》2005 年第 6 期）

行走在教育现场

爱玩是孩子的天性。"光耀每一个儿童"的教育理想，就是让孩子成为会玩的孩子、能玩的孩子和想玩的孩子。

　　　　　　　　　　　　　　　　——《孩子是天生的玩家》

把学习变成一种愉快的游戏

翻看日历，再次确认这是"三九"的第四天。1月13日，星期五。

今天武汉最高气温达21℃。"长江日报"公众号中午发布的照片上，东湖风景区马鞍山森林公园梅山上，梅花树沐浴着阳光，有些梅花按捺不住冬日暖阳的热情"拥抱"，竞相绽放枝头，吸引市民观赏。大家嬉笑着说今天花都"热"开了。

篮球场上，参加跳绳排位赛的现场，孩子们的外衣堆成了小山。孩子们身着毛衣或运动衣，井然有序地参加比赛。

足球场上，一字排开的柠檬黄摊位前人头攒动，一年级孩子的学科游园会正在热闹地进行。

哪里去找"三九四九不出手"的影子？有的只是冬阳下春意闹的热闹景象。

以学科游园的方式对一、二年级的教学成果进行评价，这早已成为我校的惯例。我们一直在思考：游园仅仅是为了评价吗？其实它更是真实生动的学校生活的一部分。无非是设计吸引学生的游戏情节或任务，激发兴趣，让学生在愉快的心境中学习。

因互动，游园成为孩子们喜爱的活动

看，灿烂阳光下，孩子们手持游园卡，在轻松有序的氛围中准备开始闯关。瞧，他们正跃跃欲试，迫不及待！数学闯关一共有4个环节：图形摸摸乐，时钟拨拨看，数字趣贴贴，扑克智连连。孩子们根据提示，完成提示任务。无论是从箱子里摸出指定的物体，现场拨出相应的时刻，把抽到的数字放在线段图中相应的位置，还是用扑克排出数字的序列，这些活动都在考查孩子们的图与形、数感等多种数学能力和素养。我们发现，虽然完成的速度有快有慢，但所有的孩子都兴致勃勃，认真读题，仔细操作。"阿姨"老师的鼓励和印章兑换成了孩子们高举的闯关卡和那一份人见人爱的奖品。

因为互动性强，孩子们成了活动的主体。他们通过游戏的方式与教材、老师和同学互动，在做出决策和解决问题的过程中，动手能力和应用能力悄悄生长。

因自如，游园更是孩子们真实生活的写照

一（19）班的孩子远远走来，他们身着各式红色上衣，喜气洋洋。其中还有两个穿汉服的小女生，她们开心地说要提前庆祝春节。班级家委给孩子们带来了新年的小礼物，有小零食和小玩具。整个校园充满游乐会的氛围。尤其是数学游园之后，孩子们拿到了特别喜欢的乐高玩具，在操场上就地趴下，团团围坐，呈现各种姿势、各种队形。一双双小手，灵活地摆弄着乐高的小配件，交流着拼装的技巧。一时间，操场成了乐高的大型拼装现场。

动手能力强的孩子已经拼出了基本型。仔细看，同样的原材料经过孩子们的双手变成了各不相同的乐高作品，它们形状各异，配色不同。李雨航和梁思远是同桌兼好朋友，他俩说，乐高之所以好玩就是因为每个人都能拼出不同的东西！

孩子们有学习目标，有努力的过程，还有享受成果的喜悦，这是真实的生活，是正常的生活。放眼操场，孩子们是开心的，因为他们是自如的。

因参与，游园成为认识孩子们的契机

今天的游园会，除了有学科老师外，我们还在每班征集了 5 位家长志愿者

老师。身份的转变带给他们很多的启示。利用班与班之间的排队空当，我和一个家长志愿者老师攀谈起来。这个妈妈负责"数字趣贴贴"环节。这个环节的规则是在一个标有 0、5、10 三个数字的线段图中，孩子们要把手上摸到的数字放在线段图的相应位置。这是一个典型的考查数感的操作题目。现场看，孩子们的数物对应能力是有差距的。比如有一个拿到 9 的孩子把它放在了 5 和 10 的正中间；当然更多的孩子还是能做对的。我问这位家长志愿者老师怎么看这个现象。他说，今天接待了 100 多个孩子，孩子们是各不相同的：有的孩子数感很强，位置找得很准，速度也很快；有的孩子要想一想，才能找到相应的位置；也有的孩子经提示后还是不能准确地完成。他感慨道："我平时在家只关注自己的两个孩子，今天看见了 100 多个和他俩同龄的孩子，发现孩子们的认知层次、动手能力、个性性格各不相同。我和摊位上的几个家长一起讨论，正是因为孩子们各不相同，大家才会有着不同的成长节奏，所以不能对孩子提出整齐划一的要求；也正是因为孩子们各不相同，所以大家各有优点各有空间，要更加全面立体地认识自己的孩子，这样才能更好地引导、帮助和教育他们。"

今天现场有上百名家长志愿者老师，虽然我不能和他们一一对话，但经历了两个多小时的活动后，相信每位家长都会有自己的判断和思考。如何认识孩子，这是父母一生的功课。

游园、游戏、游考，今年的学科评价工作可谓精彩不断，创意无限。教室里、操场上，孩子们闪烁烁的眼神、活泼泼的神态、红扑扑的脸庞，无不在向我们展示跳动的灵气和潜在的生长。动中学、玩中学、巧中学，越学越喜欢学，越学越会学。

学校生活最终要回归人性，回归真实。让孩子们有趣味地玩、有目的地游、有规则地戏吧……

孩子是天生的玩家

——首届"会玩很酷"酷玩节落幕

小雪之后，我们在校园"捡了个秋"。这个"秋"阳光明媚，这个"秋"气候宜人，更可喜的是这个"秋"连续上演。阳光正好，适合奔跑，从上周二开始，5482个孩子以年级为单位，以专场活动为形式，把快乐洒在操场上，把笑声留给冬阳，把酷玩进行到底。

做自己的冠军

鞋子掉了，光着脚接着跑；摔倒了，爬起来继续；跳跳球上一不小心翻车了，没事儿，再来。迎风飘扬的羊角辫，远去的身影，告诉我们这是勇敢者的模样。同伴跟不上，拉他一把；同学失败了，一起抱抱他，今天的操场上大家好像都没有那么在乎团队的成绩，而是对每一个参加项目的孩子都给予了最大的鼓励和帮助。听，操场上孩子们扯着嗓子喊着加油！每一声加油对于奔跑者而言都是无穷的动力。看，偌大的操场上，都是撒欢儿的大人和孩子。

一（19）班的跳跳球接力赛，第一位出场的是"小小个"李雨航，交接棒后我问他："雨航，你今天跑得怎么样？"他开心地说："我们班肯定得第一，因为我跑得很快。"

全班孩子齐上阵，每一个对运动"蠢蠢欲动"的人都会有属于自己的那场比赛。一、二年级专场中，孩子们各种姿态的爬、跳、翻、越，萌翻全场；三、四年级是团队项目，呐喊声在操场上久久回荡；而五、六年级孩子对于少有器械辅助的游戏兴致更高。新玩法和新规则，让每一个人在竞争中都爆发出了无敌斗志。持续六个下午的酷玩节现场，让我们更加相信身体的力量。

极简的项目

酷玩节确实极简。孩子们跑跳投爬，不仅项目极其简单，而且运动道具极其"草根"。酷玩节上没有花花绿绿的运动器械，有的只是体育课上常用的标志桶、呼啦圈、沙包、体操垫等，但器械越是简单，越是考验大家的想象力和创造力。如何让所有的孩子都能玩？制定怎样的新规则、新玩法和新挑战？这些都考验着体育组团队的设计能力。操场上体育组组长说："学校出的这张酷玩节的试卷，体育组回答完毕。"我笑着说："90分。"

五、六年级专场里，孩子们对于徒手过河的游戏尤为热衷。游戏要求两个同学双手交叉搭起手桥，托举起一个同伴奔跑，完成接力赛。其实这是生在二十世纪七八十年代的小朋友们经常玩的游戏。老师们很奇怪，为什么对于没有任何器械辅助的游戏，孩子们乐此不疲？讨论的结果也正是体育组的活动初心，其本质就是人和人之间更直接的运动交往。想想我们童年时，哪有什么玩具，叔叔从车间里带回的几个小垫圈，就可以做成一个漂亮的毽子；跳绳也就是家里用旧了的晾衣绳。极简的玩具，却有着无穷的快乐。

花式的玩法

10个人一组，一个呼啦圈，呼啦圈要从第一个孩子的身体翻越过10个孩子的身体才算胜利；15人合力，借助一个体操垫前进，先到终点者为胜；接力比赛赛道改成了"8"字形，比赛的难度就增加了，不完全以速度取胜，还要比拼灵活度。善于观察的你发现了吗？我们所有的活动都是集体出战，团体亮相。因此今天的操场上有有形的运动，但更多的是无声的教育——时间观念、协作能力、规则意识、责任感，这些都是书本知识无法替代的。

今天冬阳照耀的操场就是一节生动的身体力行的大课堂。

谁不喜欢在阳光下奔跑呢？冬阳煦暖，微风拂面，一切都刚刚好。做志愿者的爸爸妈妈看着孩子和同伴奔跑的身影，一边拍照摄影，一边笑得合不拢嘴。那一刻，孩子不管跑到哪里，都是跑进了父母快乐的心里。

爱玩是孩子的天性。"光耀每一个儿童"的教育理想，就是让孩子成为会玩的孩子、能玩的孩子和想玩的孩子。

每个孩子都是天生的玩家。

合唱团里走出的孩子都是优秀的孩子

有一种感动，只能在音乐会上发生……

今天，"春回律转，乐动光谷"光谷教育2024新年音乐会精彩举行。偌大的报告厅座无虚席，安静美好。音乐会上有多种音乐形式，管乐团、弦乐团、交响乐团、民乐团、合唱团等悉数上场；有多种身份组合，教师团、学生团、师生团纷纷亮相；有各种主题呈现，《卡门》《茉莉花》碰撞生花，中国特色和世界味道各美其美。《从前慢》《铁血丹心》引发了现场众多人的青春回忆，全场大合唱《歌唱祖国》更是充满激情。

弦歌满天，余音绕梁……

一小布谷鸟合唱团的六十个孩子以武汉市第五届校园合唱节比赛一等奖的身份参加展演，成功地创造了音乐会上沉浸式演唱的范式。孩子们用忘我的神情，动情地歌唱"你的爱是我的眼睛"，沉醉的样子灵气四溢。这种陶醉让人不由得感叹：每一个忘我歌唱的小朋友，都是内心情感丰富的人啊！

有一种天赋叫音乐

著名合唱指挥家吴灵芬老师有个观点：有一种音乐天赋每个人都有。这个观点是有科学依据的。每个小孩在母体里都接受过音乐训练，他们感受到的舒张压和收缩压，就是最令人舒服的节奏。

应该是七年前，我开始组建合唱团，首先以家长会的方式宣讲每个孩子都是天生的演唱者的理念，鼓励家长理解和支持孩子们的合唱训练。当时有近两百个孩子的父母参加家长会，最后只有不到六十人参加训练。但这六十个孩子从区赛比到市赛，一直唱到琴台音乐厅。记得琴台音乐厅的演出结束后，家长、孩子、老师都哭了，我也哭了。我们用坚持和努力成全了孩子们的天性，让这一天性得到最好的绽放。也就是从那时开始，我所在的学校坚持做合唱，不管是校级、年级还是班级合唱，我们都做。因为我们坚信身体原本就是美妙的乐器，且性价比极高。

中午听吴灵芬老师的访谈得知，在国家剧院甚至是艺术院校的演员排练的时候，听到音乐不吵闹的孩子不仅可以现场观摩而且还能跟着演员上台去体验这个角色。这是多么好的信号，好的成长环境一定要有好的音乐陪伴，因为这是一种孩子带得走的能力或素养！

于是，这些年来，我用堂·吉诃德似的努力和执着，奋力推动体艺课程的普及和提升。三年级"班班合唱"排头兵已初见成效，家长们感叹说："这是孩子们的成长福利，是学校送给孩子最好的礼物！"

合唱的魅力在和谐

今天谈合唱的魅力和意义，或许有很多解读或答案。按我的理解，合唱的魅力在于和谐。

合唱团里只有我们没有我，更是只有合唱没有我。

每一支合唱团都是一个好的团队。要学会彼此倾听、互相配合，在集体中找到自己的定位，不能够只彰显自己，要用心和灵感去和众人合一地完成一首歌。集体的凝聚、共识的形成是团队和谐的本质。早上我去化妆间里看师生和家长，碰到二小的高书记，她感叹说一小的化妆间最安静，不愧是一小！我想这可能就是合唱带给孩子们的内在成长！

声音的和谐是一种美。合唱从节奏、和声、旋律等不同层面展现了"和谐美"：今天孩子们演唱时各声部之间的此起彼伏、前后交错是美；相互糅合、节奏均衡是美；巧妙地依照歌词的强弱来分层递进，旋律舒缓流畅，绵绵不断，更是体现了"和谐美"。

站在合唱台上的孩子们阳光快乐，充满朝气，每个孩子的眼睛里都带着光。孩子们用声音在表达对于歌曲中的"春去秋来你和我心心同印，让我倾听花开的声音"的理解，这不仅是唱给盲童的歌曲，更是唱给所有人的歌曲："你的爱是我的眼睛，让我看见白云，看见满天星星。"

合唱是一种优雅的生活方式

日常刷短视频，我收藏和关注较多的内容是各种合唱团。除了有网红气质的"上海彩虹室内合唱团"和"厦门六中合唱团"外，我还喜欢关注一些民间合唱团。著名指挥家孙毅除指挥爱乐男声合唱团外，指挥起民间合唱团也是出神入化，有化腐朽为神奇之功效。广州地区出现不少周末合唱班，男女老少为一首歌而来，用歌唱的方式表达生活态度。这种直播很吸引人，因为每个人都显得那样安宁且沉浸，充满松弛感。

我在这些视频里看到过这样一个场景：波士顿的一个民间合唱团，上台的有 80 来岁的老人，有推着轮椅的残疾人，大家各穿各的日常服装上台，队伍站得高高低低的，胖瘦也各不相同。看着他们歌唱我不由得心生感动。他们的全部心思都在集体、在合唱、在合唱表达的宗旨，没有太多的私心，没有太多的杂念，更没有太多的浮躁和俗想，一件高尚的事和一群高雅的人合二为一。多么纯粹的生活，多么令人向往的生活！

我一直幻想并为之努力着：学校里孩子们在认真地排练，不到开口歌唱，你绝对听不到他们的声音；孩子们在静静地候场，没有浓妆，没有华服，只有沉浸在合唱里的全部虔诚；孩子们知道他们唱的是什么，知道他们在做什么，他们坚定不移地走向远方……

合唱是这样，教育不也应该是这样吗？生活亦然。

不知不觉两个小时过去了，整场音乐会互相唱和，层层递进，尽显欢腾又能归于宁静，是融合的音乐盛宴，亦是自由的精神散步。

或许音乐带来的感动无法传达，但我们可以用心记住！

交换的快乐何止这些

12月29日，2023年的最后一天。

所有的孩子都成了"店主"，所有的孩子也都成了"顾客"。

校园里几千家"店铺"同时"开业"，人来人往，络绎不绝。无论是总店（班级）还是分店（小组），每家店都有招牌，有口号，正儿八经，有模有样。店名琳琅满目，如元气小铺、"圆梦"小店、"友"趣小屋等。口号也很吸引人，如"老板人还小，宝贝随便挑""机会不会天天有，该出手时就出手"。店主们都很认真地招揽相识或陌生的顾客，煞有介事地讲解着物品的特点或用途。不时有成功完成交换者喜笑颜开，也有交换失败者继续寻找下一个店铺，寻找下一个心仪的物品。

这里是元旦迎新"物物交换，焕然一新"的活动现场。

为喜欢而交换

六（4）班的向荣辕是3D打印课程的狂热爱好者。他的小铺口号是"一切皆可打印"。他今天带来了课程作品，除鱼骨结构外，其他作品都是可转动的、环环相扣的复杂结构造型。物件个头不大，但样样精致，个个都让人爱不释手。其实除了伙伴们抢着把玩之外，我也对他的打印作品"齿轮双眼"很感兴趣。于是我回到办公室，找来了在故宫购买的文创产品——千里江山图的创意尺子书签，同他做了交换。他是个腼腆的孩子，一直说这个书签太漂亮！我告诉他，他的创意和手作无价，我更喜欢！

不以价格衡量，不以多寡评判，只要两相情愿，达成共识即可。各得其乐，何乐而不为呢？更何况他的闲置正好能满足我的需要或爱好！

为交友而来

六（5）班的皮子熠是七龙珠的爱好者。他说今天参加以物换物活动的目的，其实是想寻找共同的爱好者。他带来的一系列龙珠手办，造型栩栩如生，看上去价格不菲。他笑着说："我今天没怎么开张。原因是大家觉得我的手办很贵，不敢跟我交换。与其说是参加交换活动，不如说是用手办来交朋友。"

李宸毅带来了妈妈刚刚换下的手机壳，手机壳后的几个大字吸引了我——"别和儿子生气！"他说，交换不出去就把手机壳送给班上某个男生，希望妈妈们都不要和儿子生气。我猜想，哪个男生把这个礼物带回家，哪家妈妈就会心里偷着乐。

我穿行在六年级十三个班的教室，看到不管是在自己班内部交换的孩子，还是在本楼层内自由穿梭，交换物品的孩子，个个都喜气洋洋，一脸兴奋地和大家分享交换的过程和结果。

孩子们说，在交换物品的过程当中能见到老朋友，结识新朋友。其实从我们活动设计者的角度讲，无论交易成不成功，孩子们交流、交往、交际的过程才是难能可贵的。

从孩子们的笑脸和急切的心情中可以得出的结论是，每个人都有交流、交往、交际的内在需要。学校要创设这样的真实情境和任务，让孩子们参与其中，沉浸其中，收获其中。

为快乐而交换

六（2）班的吕昕耀和我是老朋友，他是个能说会道的孩子。我走进教室时迎面碰上了他，他刚从其他班交换完物品回来，正兴致勃勃地举着一个迷你红色小跑车。他兴奋地说："校长，今天的交换真值！"旁边的同学围上来，我们开始讨论什么叫值。我抛出话题："是因为这个小跑车的价值远远大于你带去的物品吗？"他想想说："是，也不完全是。""说说看。""我带的东西应该和小跑车价格差不多，所以值！""那如果价格不相当呢？""那就有两种情况，一是没成交；二是我们都很喜欢对方的东西，所以不会计较价格，开心就好！"看来，他们是懂的。物物交换的过程，不仅是物与物的交换，也是心与心的碰撞。

热闹的集市，川流的人群，卖的是商品，交的是朋友，换的是成长。这场让孩子们开"店铺"以物换物的活动吸引了每个孩子的深度参与。从创意海报设计制作展示到交换物品的选择、介绍，再到交换时的交流、交往，孩子们的语言表达能力、组织能力、应变能力都在其中得到锻炼。真实的场景，现实的任务，让孩子们亲身体验和参与了实践活动，他们在交换中学会交流、学会沟通、学会诚信，体会到创造价值的快乐！

一个半小时过得很快，集市快打烊了。不少小铺还在开总结会："下次毛绒玩具不要带了，太普通，没人感兴趣。""其实大家还是对新奇的东西更感兴趣。""规则可以更好玩，几个换一个也可以。"这就是我们常说的"复盘"！

交换的快乐远不止这些！

只要走进教室，你就有源源不断的发现……

劳动，让每个孩子闪闪发光

——秋季劳动实践活动中的孩子们

秋季是个收获的季节！

这三天，校园里一大早就弥漫着快乐的味道！孩子们陆续走出校园，兴致勃勃地来到不同的劳动实践教育基地，体验各种项目。一般，上午处理好学校工作后，我会去看看孩子们从"纸面"智力劳动到"地面"体力劳动，从"校园"学习生活到"田园"实践活动的变化，亲身感受一下各种真实劳动场景下孩子们生动的言语、行动、神态，这是最真实、最鲜活、最有价值的教育观察和发现！

天公给力。已到深秋的霜降节气，武汉气温居然直逼三十度，孩子们轻装上阵，奔向田野。我可以想象路途上的叽叽喳喳、欢歌笑语，因为送他们出校门时每个孩子都是笑脸相迎的："校长，您和我们一起去吧。""校长，我们出发喽！"我甚至可以推想，出发前孩子们一定经历了"翻过来睡不着，翻过去睡不着"的不眠之夜！

如此欣喜，是因为要离开校园外出吗？是因为没有纸笔作业吗？一定有这些原因，但绝不"仅仅"是。三天里，我和不同年级的孩子们体验不同的项目：我们顶着骄阳，穿行橘园，观察判断哪棵树的果子味道好；我们一起包饺子，比谁包的饺子好看还能在锅里找得到；我们在鱼塘边指挥男生围捕捉鱼，一起为到手的鱼溜走而"捶胸顿足"；我们蹲在红薯地里，一起体会"顺根拔薯"的快乐，遇见巨无霸式的大个子时，甚至唱起"拔呀拔呀拔红薯"。湛蓝的晴空下，汗水尽情挥洒，歌声无拘无束，好一场泼天的"欢乐"！

"尝尝我摘的，甜！"
——自食其力的"身体教育学"

走向橘园的路上，我迎面遇到好几个班的学生，人人都拿着他们的"劳动成果"——大包小包的橘子，兴奋地和我打招呼，汗涔涔的脸上脏兮兮的。一双黑黢黢的小手伸到我面前，手里举着两瓣橘子："您尝尝，是我摘的。"男孩一脸兴奋和期待。"好，我尝尝。"接过，尝过，我对他说，"甜，味道真好。"男孩骄傲地说："我自己摘的，肯定甜！"随行的老师们都笑了。

劳动，有着本初的意义。身体力行是劳动的主要手段和方式。劳动，我们不能简单地将它理解为洗衣、做饭、打扫卫生。体现于教育，它是知识的躬身修行；体现于社会生产，它是创造真实价值的手段。劳动还有着务实、做事、操作、实践等各种同义词，这些几乎都要求调动人的全部感官去认知和学习。今天的劳动实践活动中，所有孩子摘橘子，包饺子，烧柴火，下塘捞鱼，挖红薯，无论哪一项都需要眼、耳、手、脚的高度配合。身体的参与必然引发心灵的感动。摘橘子的男孩通过身体劳动体会了"自食其力"的满足感，还获得了"收获甜美"的精神体悟，这才是孩子兴奋的真实原因。

劳动教育的首要意义，是让学生用身体丈量物理和心理的双重世界。

每个人的成长都是天然、自然的融合过程
——劳动是最好的"五育融合课"

柳夕浪老师说："我们完全可以这样认为，劳动教育本来就蕴含德育、智育、体育、美育，是融合了各个方面内容要求的综合性教育。"回看本周的劳动实践活动，我们怎么从理论层面和实践层面理解这句话呢？

我想，首先要找到这段话的理论前提——马克思关于全面发展的人的论述。马克思说："未来教育对所有已满一定年龄的儿童来说，就是生产劳动同

智育和体育相结合，它不仅是提高社会生产的一种方法，而且是造就全面发展的人的唯一方法。"今天接受教育的每一个孩子都是立体的、生动的、需要全面发展的人。我们也正是从一个全面发展的人的立场出发，提出"光耀每一个儿童"的教育愿景，并确定"中国心、健美身、聪明脑、灵巧手和全球眼"的"全人"育人目标。因此，今天的劳动现场，孩子们不管参与哪一项劳动实践，都是围绕这五个维度在落地。孩子们在橘园学习徒手摘橘子的方法，比较为什么向阳的橘子更诱人，惊叹于满山坡的橘林绿叶中点缀橙黄果实的画面，其中不管是学习技能、探索科学，还是审美体验，都在真实地以教育的方式，育一个活泼泼的人！

再看劳动的育人综合性。劳动是人类活动的三大形式之一，一次好的劳动教育，必然蕴含着德育、智育、体育、美育的元素。今天六年级的包饺子现场，孩子们和面，真的是应了那句笑谈"水多了加面，面多了加水"，但这不正是学习水面比例的过程吗？包的过程更是手脑并用、知行合一的过程。比较谁的造型好看，属于美术的范畴；拾柴生火涉及燃烧的问题，属于科学的领域；煮熟也不是个简单的事，要不要加水、加几次水，这不仅是生活常识，还是个技术问题。听听，孩子们在品尝的过程中还在反思和总结呢。这不，有的组煮成了片汤，有的组清清爽爽。四人一组合作完成，这不就是德育吗？

因为是真实的生活任务，所以才有多方面的要求，也正是因为有多方面的要求，才能发挥出一举多得的育人效果。如果抽空了劳动中德、智、体、美等方面的要求，就没有了真正的劳动，更没有了真正的教育。

远处的鱼塘里，孩子们几人一组在抓鱼。水不深，脱了鞋袜，卷起裤腿就可以下水。但鱼不小，至少有三四斤，能抓到吗？我心里想，孩子们体验体验就可以了。但不时传过来孩子们的惊呼声："抓住了！抓住了。"

秋阳高照，波光粼粼的水面上倒映着孩子们的身影，每一个孩子都在劳动中闪闪发光。

多美啊，劳动不就是为了创造更美好的生活吗！

演诵，让每个孩子沉浸其中

——一次演诵节能带给我们什么？

这一周，校园里特别热闹，因为一年一度的演诵节要开幕了！今年的主题为"欢歌颂党恩，追光向未来"。将活动形式定为演诵，要追溯到四年前，初心是孩子们的表现形式越丰富就越容易产生教育意义，达到教育效果。怎样演绎和表达宏大的主题呢？这是每年九月教师团队的重要研究内容。但经过几年的实践和打磨，我们发现师生对"演""诵"的理解更深刻与鲜活，形成了"演是一种外在，而诵才是主体""通过演来凸显诵"等演诵主张，因此今天的节目更有观赏性。

刚好今年是校庆年，学校报告厅装饰一新，五彩缤纷的气球将节日氛围感拉满，孩子们陆陆续续来这里排练，兴高采烈，喜气洋洋。三年级专场下来，大家直呼："这调起高了！""三年级这么卷，我们怎么办？"但说归说，放学后报告厅依旧灯火通明，人声鼎沸！

一次活动到底能带给师生什么？这是管理者或策划者要思考、反思和改进的问题。今天三年级二十一个班和六年级十三个班悉数登台，人人展示，班班亮相；台下老师和家长分工合作，配合默契，一时间，班级的目标感、荣誉感空前强烈。走在校园里，随处可见排练的团队，或小团体排练表演，低年级由老师、家长陪同，高年级则独自练习；或成建制地拉出教室，操场看台、四个教学楼连廊、仅有的几间功能室都是一席难求。从大家的表现及效果来看，演诵节无疑是个好活动。那么它的意义在哪里呢？我的理解是有三个"好"。

好的活动，是五育融合的含义

我们来看看今天的节目单:《请党放心，强国有我》《我和我的祖国》《盛世中国》《童心向党，奔赴远方》《读中国》《祖国记我心间》《少年中国说》《红色的童话》《中国的声音》《红旗一角的故事》……其中《请党放心，强国有我》《读中国》出现了三次之多，当然演绎的方式完全不同。坐在我身边的孩子说:"'强国有我，初心滚烫;强国有我，誓言铿锵;强国有我，少年担当!'这句话好有气势!"是的，孩子们或歌颂祖国悠久的历史，或赞美现代化建设的成就，或回忆光荣的建党伟业，或表达少年的强国志向，这些无不激发着孩子们对国家民族和社会的认同和热爱。而表演内容或是诗歌或是散文。我们发现，"阅"是一种理解、领悟、吸收、鉴赏、评价和探究的思维过程;"读"是把文字转化为有声语言的一种创造性活动，智力在其中得到发展。尤其是"诵"，能用响亮有力的声音，同时结合各种语言手段、表演方式来完整地表达作品的思想感情。由此，所有参与其中的孩子的语言文字理解能力，感受、内化及表达能力的发展水到渠成，而陶冶性情、开阔胸怀和文明言行的作用和效益也在声声诵读中得以实现。再加以唱、说、跳、器乐演奏等形式，审美情趣的培养自在其中。

活动中，德智体美劳五育有机整合，水乳交融，你中有我，我中有你，这既是学习的基本形态，也是育人的适切方式。今天我们不论是谈跨学科学习还是谈项目式学习，都是强调在真实的学习生活情境中实现五育在内容和形式上的有机融合。所以孩子们在五育融合的活动中表现出的积极兴趣和昂扬状态是最好的答案!

好的活动，有过程大于结果的含义

"过程大于结果"在教育领域绝不是一句空话。因为没有过程就没有结果。为了呈现一次精彩的表演，从内容选材、读背台词到排列队形、彩排化妆等，孩子们付出了很多心血，近两周里，孩子们谈论的话题、练习的内容、评价的标准都在活动中，都在过程中。

终于到了表演时刻，舞台、灯光、大幕、气球营造出的热烈氛围，使得全班孩子进入"心流"状态，他们全身心投入地去创造，甚至和外界隔绝，忘却了时间的流逝。在这种情况下，过程一定比结果重要。孩子们表演完毕，一脸的兴奋，七嘴八舌交流着表演的感受，老师和家长不住为孩子们点赞。坐在走道旁的我为每一个路过的班级和孩子竖起了大拇指，不仅仅为刚才的表演，更是为师生参与的整个过程和他们所付出的努力。

不是说结果不重要，而是说有了饱满的情绪过程、自信的精神状态，结果就不再是最重要的了。孩子们为了一个目标一起努力的集体主义教育、遇到问题时积极解决并反复练习的不畏难抗挫教育、集思广益以让节目更好看的精益求精教育，还有每一个人看得见看不见的努力，这些不都是过程产生的结果吗？

每一个过程都是结果，教育就在不知不觉中产生了。

好的活动，有家校共育的含义

这次活动我们增加了一个加分项，即家长或老师参加表演。果然三年级有一半的班级，有老师或家长以不同的方式和孩子们一起出现在舞台上。他们统一着装，严肃认真，或领诵，或舞蹈，或演奏器乐，或展示书法，成了节目中一道特殊的风景线。表演完毕，我和几位参演的家长及孩子聊感受。一位表演书法的爸爸说："我为这幅字练习了三个星期，因为要为班级争光。"三（2）班有八位爸爸妈妈参演，阵容最大，他们说："在和孩子们一起排练的过程中，我们看到了孩子们的努力，所以要做孩子们的好榜样！"这些朴素的话语道出了家校同心合育的真谛——我们都是孩子最近的榜样！

孩子们对家长参演也表现出极高的兴趣。"张成瑞的爸爸和我们一起表演了。""我妈妈说下次她也会来！""我觉得叔叔刚才唱得真好。"不难发现，教室课堂和校园课堂早已不能满足孩子们学习的需要，家庭课堂作为教育必不可少的要素，是时候出场了！

台上家长全身心地投入，台下家长更是全方位地支持。几乎每个班都有一个金牌服务团队，他们分工合作，配合默契。有拍摄组、道具组，还有在台下虽不发声但动作、表情极尽夸张的指挥组，更有家长在线直播，以期让更多的爸爸妈妈感受到班级的积极向上、孩子们的努力和精彩！学校家庭无缝对接，老师家长志同道合，这是多么生动的育人场景。教育路上，大家是同行者，相互滋养，共同成长。

这是一次极有探索意义的尝试！

这是一堂生动精彩的大思政课

——演诵节里的随感随想

  教育毫无疑问是培养人的工作。因此学校里每天都在悄无声息地传递着温暖、碰撞着思想、引领着方向。今天演诵节还在进行中，节日的氛围依然浓厚，师生和家长依然热情，舞台上依然热烈。坐在观众席里的我不断地追问：孩子们只是在表演吗？只是在演诵吗？只是在参加一次活动吗？我想演诵只是为教育提供了一种形式而已。每天的报告厅里、每间教室里都在进行着生动精彩的思政大课，这堂课由全体师生深度创造，精彩演绎。从某种程度上看，这种思政课的教育效益要远远大于课堂教学，因为它真实可感，它深入思考，它刻意训练，它精彩美妙，是师生心向往之的课堂。

  两天的活动让我感慨良多，我记下几个瞬间，以做注脚。

一树繁花——找到激活孩子认知的内容

  听，孩子们在读中国——"我们读中国，用祖先钻木的火种，照亮华夏文明，生生不息的长河；我们读中国，沿着甲骨文沧桑的纹理，驾驭历史的长车，纵横阡陌。"他们在读中国悠久的历史，他们在读华夏灿烂的文明。熟读成诵后的真情表达，自然内化于心。

  听，孩子们在找中国——"我们在'谁言寸草心，报得三春晖'的唐诗里，读感恩的中国；我们在'但愿人长久，千里共婵娟'的宋词里，读思念的中国；

我们在炮火连天的硝烟里，读怆然悲壮的中国；我们在红旗漫卷的西风中，读繁荣昌盛的中国"，这是中国的精神内核和价值所在。诗行里有我们熟悉的古诗名句，诗行里有我们熟悉的建国故事，诗行里有伟大的建党精神，诗行里更有令人骄傲的改革开放成就。看看节目单里这些节目名称：《听同学妈妈讲那过去的事情》《厉害了，我的国》《沁园春·长沙》《新中华少年说》《我们是社会主义接班人》《锦绣中华》《读中国》《沁园春·雪》《我喜欢红色》《中华少年》《中华颂》《满江红》《读中国》《如愿》。即使不在现场，我们也可以感受其中世界的眼光、历史的眼光和未来的眼光。这些内容都根植于 5000 多年的中华文明史、180 多年的中国现代史、100 多年的中国共产党史、70 多年的新中国史、40 多年的改革开放史。

如此浩瀚、如此博大的思政课内容，我们如何做到"弱水三千，只取一瓢饮"？从育人导向上看，没有年龄和年段的本质区别，但从演诵节大家的实践来看，顺应儿童的认知特点和认知规律，结合不同年龄段学生在思想、心理和认知等方面的差异，选择适切的内容尤为重要。《我喜欢红色》从红领巾是红旗的一角及其象征意义入笔，贴近孩子的生活；《听同学妈妈讲那过去的事情》以现场情境再现的方式，讲述老中少三代小时候的故事，串起不同发展阶段的历史成就。节目的效果都是显而易见的。

一触即发——找到引发孩子情感的方式

两天的活动中，有好几场触动内心深处的表演。《如愿》开场中孩子和一个老红军跨越时空的对话，让大家一下子就进入了情境：

　　"孩子，我们胜利了吗？"

　　"胜利了，新中国 1949 年就成立了。"

　　"在新中国，大家能填饱肚子吗？"

　　"吃得饱，吃得好。"

　　"那都能和亲人们团聚吗？"

"在一起，家家团圆，特别幸福。"

"正因为有了您的牺牲，才有了我们的平安和幸福！"

"不是的，不是只有我！还有王刚、李大柱，还有二班长、三班长他们，还有指导员，还有……"

"我们都知道，不仅仅是您，您和所有的战士，我们永远都不会忘记！"

真是瞬间破防。所有人眼泪在眼眶里打转，孩子们哽咽了，全场静寂，而后掌声四起！

思政课要"讲"，但更要讲得鲜活、生动、富有感染力，既要晓之以理，又要动之以情，在知情意行的融合上下真功夫。这种催人泪下的表演方式把家国情怀表达得淋漓尽致，这不就是最生动的"讲"吗？

除此之外，演诵节目更吸引人的是孩子们汹涌澎湃的真情、气壮山河的声势，我想也唯有此，才能取得沟通心灵、启智润心、激扬斗志的效果。

一眼千年——找到培育孩子精神的要义

105个班，105个表演节目，师生从不同的角度，用不同的形式演绎着、表达着。富有时代气息的鲜活内容、丰富的教育素材、生动的现实感觉，成就了这堂有现实关怀精神和人文温度的大思政课堂。

《沁园春·雪》《满江红》《沁园春·长沙》以诗词的方式进入时代，英雄的舍生取义精神、领袖的革命情怀浸润其中；《新中华少年说》《我们是社会主义接班人》等以新时代少年的口吻表达对国家、对民族的热爱和向往之情；《厉害了，我的国》《锦绣中华》等歌颂新中国的伟大成就，表达骄傲和自豪之情；《我们是共产主义接班人》则更多地表达了孩子们做爱党爱国的人，为国家富强、民族振兴、人民幸福而奋斗的理想信念。

三尺讲台，千年历史，万里河山，这是思政课的广阔天地。正是因为有这一片广阔天地，我们才能大有所为。

教育必须包含教导和学习，但是这并不意味着有教有学的活动就一定是教育，如果教育中没有价值引领，教育将不复存在。每一个人心里都有一亩田，用它来种什么？种桃种李种春风，这是教育的初心和使命，于是我们种下的春风里有理想信念，有正确的人生观、价值观……

越简单，越快乐

天高云淡，武汉迎来新年后的第一个艳阳天。

操场上洒满阳光，也撒满撒欢儿的孩子。

蓝绿相间的操场上，有二十个班同上体育课，学校迎来了久违的热闹。不同的是，少见日常花花绿绿的体育器材或器械，所有的装备只有跳绳，或是短绳或是长绳。

"童心跳跃，绳彩飞扬"跳绳达标暨挑战活动进入跨年实施阶段。

一、我会的不只有跳绳！

我从笃学楼进入操场，迎面碰上四（2）班准备上体育课。

我问创造班上女生跳绳最高纪录的是谁。"朱梓雯，她一分钟能跳190个。"说话间，那个面带微笑、干练洒脱的女孩来了。她说："校长，我还有新目标，要超过男生的最高纪录！"这是个"巾帼不让须眉"的女孩。旁边的同学叫来了另一个同学陈昕远，他是全班最高纪录每分钟199个的创造者。他接过一个同学的跳绳就开跳，大家围着他数数，"1，2……99，100"，不到一分钟的时间他就跳了100个。

谈起为什么跳绳跳得好，他们居然有着相同的理由和看法。朱梓雯说："我在跳街舞，身体协调能力强，跳绳没问题的。"陈昕远说："我倒没经常跳，但我上幼儿园时就学会了，我很灵活！"我说："这叫童子功！"

大家你一言我一语，有会打篮球、乒乓球的，也有学过跆拳道的。孩子们的课余生活中有体育项目让我很欣慰，但更让我高兴的是，孩子们体验到了体育运动"一通百通"的效益。

体育正在塑造着孩子！

二、我们班要冲"王者班"！

体育老师来了。我接过她手上的达标记录册，发现两次达标的成绩均不错，有 33 个孩子每分钟超过 100 个。孩子们说有一些同学生病了，还不能剧烈运动，所以要等一段时间再挑战。刘启圣是个很有想法的男孩："大家都可以达标，但我们班要冲'王者班'，全班同学都得达到最高级别！"我说："好啊，尽力而为！"

六年级的"谷粒课程"是跳长绳，他们从元旦前就开始组队训练了。看着"大哥哥""大姐姐"们上下翻飞的场景，我和组长钟欣怡商量，按规则要有 20 人组队，男生女生各 10 人，但这样的话，谁上？从竞技比赛的原则来看，一定是跳绳跳得好的上。我们讨论：面向每一个学生的素养课程，达标规则要改一改。冰雪聪明的组长马上反应过来：全班参加，可以用规定时间内完成的总个数作为评判标准。

今天，学校任何一项活动的开展或推动，都难在大家对活动意义和价值缺乏深度理解。开始之初也许不那么清楚，但好在大家一起行动，不断在思考或追问——活动指向谁？为了什么？怎样达成？如何让评价指向目标？

活动的意义永远在于拓展！

三、跳绳有好多种玩法！

三（16）班的体育老师郭庭全是学校体育组的元老，花样跳绳那可是他的教学强项。

这不，三年级孩子的花样跳绳已经进入双人正（反）跳环节。两个女生双人正跳练得不错，我问她们为什么跳得这么好，她俩抢着说："我跳完后帮她摇好绳，就跳得好！"你帮我摇，我帮你摇，这不就是互相帮助、互相支持吗？两个伙伴为了一个共同目标而努力，这不就是协同合作吗？"谁会和老师一起双人反跳？"文静的何禹函抢到了和郭老师合作的机会。稍做沟通后，只见师生俩绳落人起，人起绳落，仿佛踏着节拍，和着音乐。师生的合作赢得了孩子们的掌声。

看着爷孙辈的师生跳绳，我心里有着莫名的感动。做老师的最大幸福莫过于此：不管多大年龄，永远和孩子在一起，永远和纯粹、清澈在一起！

"校长，你会双摇一跳吗？""我不会！""我来教你吧！"有热心的孩子来教我，但这种跳法的运动量太大，我即使学会了方法技巧也跳不了几个！但孩子们乐在其中。

抬眼看，六年级某个班课前热身，居然玩起了跳绳画圆的游戏。以一女生为圆心，以绳子为半径转动，团团围住的"周长"们绳落人起，人起绳落。

远处，一年级的孩子排成一排，一人跳绳一人数数，玩得不亦乐乎！

好玩，原来如此简单，也如此快乐！

体育运动的价值，远不只是锻炼身体！

一根跳绳能带给孩子们多少乐趣？我的发现是：越简单，越快乐！

赛场好课堂，哭笑亦成长

——校园足球联赛背后的成长故事

这个月，校园足球联赛的标语格外醒目。我每天走在校园里，看着围绕足球发生的故事，不由得感叹：赛场好课堂，哭笑亦成长。学校何处不课堂，何时不教育？

"队长只选了和她关系好的"

午饭后，一个五年级女生在楼梯拐角处抽泣，其他同学正在安慰她。我问明原因，才知道是没有选上足球宝贝。我想当然地说："和队长说说，加一个吧！"谁知，队长就在旁边，立马说："不行，我们只需要9个人，否则，就破坏了队形！"我正在想该如何解决，哭泣的女生说："我不参加也行，但队长选得不公平！她只选了和她关系好的。"

看来，双方都有自己的理由。于是，我找来班主任协商解决。我们确立了四步解决思路。点赞付出——老师高度肯定，同学们互相点赞对方为班级足球比赛所做的努力。讨论意义——代表班级展示的到底是什么？怎样看待精神风貌和比赛成绩的关系？怎样调动所有同学的积极性和热情？制定规则——人人机会平等，选拔过程公正。灵活解题——或增加队员，修改队形；或调整分工，增加岗位。

最终，孩子们达成了共识，每个同学都心服口服了。我认为，只要我们用教育学的眼光，透过教育现象分析问题的本质，站在孩子的立场上，问题便可以迎刃而解。

"球赛能输，气势要赢"

三年级决赛结束了！亚军班哭成一片，5个队员抱头痛哭，看到这个场景，啦啦队的队员更是不肯回教室。学校校队总教练董老师拿起话筒，连发三问："同学们，队员们勇不勇敢？""我们每一个同学都加油了吗？""我们还可以更好吗？"

比赛输赢是常事，几家欢喜几家愁。人生不如意事十之八九，教育最重要的一课一定是教会孩子正视失败，走出失败甚至享受失败！遇到失败或挫折时，不要告诉自己我不行，而要告诉自己我还可以更好！

大家的情绪稍平复后，班级总结会开始了！会议围绕三个"什么"展开：我们做了什么？今天的失败告诉我们什么道理？备战明年的足球联赛，我们要做什么？

"致亲爱的孩子们：足球比赛结束了，虽然没有达到你们的预期，但你们知道吗，成长比成绩更重要。我真的很高兴，因为你们那么在乎班级的荣耀；我真的很高兴，因为你们拼尽了全力。输了比赛，赢了精神，有什么比这更宝贵呢？"

"致亲爱的家长们：孩子们表现得很好，拼劲十足。开场一直压着对方打，后面控球也是对半开，只是平常比赛打少了，经验不足。小源在后场一脚出球非常果断，多次化解险情；小涵制造了多次威胁，只是差点运气；小博的手抛球可以直接过半场……女生都看哭了，这正是足球的魅力！"

两段留言在三（5）班的QQ群里引起了热议，家长们说："感觉回到了学生时代！""为所有师生点赞加油！""孩子们，305虽败犹荣！"

一次活动就像一次集体精神的洗礼和升华，让教育的合力自然产生！

社会是最好的课堂，生活是最好的教材！谁都不会否认一次活动带给孩子的成长和感悟，因为它真实、生动、鲜活，甚至刻骨铭心。好的教育不就是这个模样吗？

（原载于《新班主任》2021年第16期）

你若文明，便是风景

——一次文明校园创建现场会的背后

文明是什么？这个词听起来很抽象，但其实在我们的生活中表现得很具体、很实在。文明不会高不可攀，它人人可至；文明不是耀眼光芒，它润物无声……

在一小，我们承接或自办过各级各类活动，但这次区文明校园创建工作现场会格外不一样。从区局、区文明办、区委宣传部发起，一直到市委宣传部、市教育局宣传部的专家到现场调研、点评，各级主管部门高度重视；从上学期的思考设计到本学期的落地实践，经过多次研讨和完善，才有了今天现场会的呈现。我们的感悟是：与其说我们在筹备一次文明校园的创建现场会，不如说我们在更深刻地学习文明校园创建的意义和内涵，更立体地让文明校园创建落地生根。

文明校园创建有六个标准：领导班子建设好，思想道德建设好，活动阵地建设好，教师队伍建设好，学校文化建设好，校园环境建设好。这些标准如何在一小的校园里落地生根呢？这些年里，我们一直在思考如何结合校情进行全面而富有个性的创建活动。

师生——人人都做文明人

文明是校园最美的底色。因此学校师生的一言一行，都彰显着学校的内在气质。面对近 300 人的教师团队，我们从师德建设的角度出发，以学习、引领、感悟、发现等方式践行"学高为师，身正为范"。今天追光楼门前的广场上，32 位十月月度教师是最闪亮的风景。他们在十月里经过层层推荐，在管理、教学、德育等方面脱颖而出。我们通过月度教师评选，让老师们学有榜样，追有目标，一年来，学校 60% 的老师成为名师路上最闪亮的海报主角。

文明之光，薪火相传。两年来，孩子们通过"我为社会主义核心价值观代言"的活动，评选出了 60 位校级代言人和 500 余名班级代言人。这些优秀代言人的照片出现在学校护栏上及学校周边，成为学校的招牌。今天，五（1）班的董梓萌担任校园小导游，她很自豪地说："很骄傲，我是学校第一期核心价值观代言人。"因为是经历者和当选者，所以她和来宾娓娓相谈，对于核心价值观的个人感悟以及践行故事，赢得了阵阵的掌声。今天，身着"清华紫"校服的孩子们侃侃而谈，落落大方。孩子们良好的综合素养，得到了领导及兄弟学校同行者的一致赞赏。

尤其值得点赞的是现场三个节目的展演。四（6）班作为一个自然班全体出演，他们独创了一种"和诵"的表演形式，给大家留下了深刻的印象。孩子们在 5 分钟的时间里，朗诵、吟唱和表演 16 首古诗，理解、体会和表达中国气节和精神。四（6）班的精彩展示很好地表达了一小"光耀每一个儿童"的教育理想。18 位老师端庄优雅，深情吟诵《一小的梦想，我们的梦想》。这首校园原创诗，浓缩了我们的教育生活和教育理想。因为这些我们都参与、经历过，有我们留下的印迹，所以每一位老师都深情款款，令人动容。拥有百灵鸟般嗓音的秦望喜老师责无旁贷地担任金牌领诵。周末我去看他们排练时，陆文艳说："秦老师一张口，我鸡皮疙瘩就起来了。"果然，今天现场展示了一小一流的师资实力。而布谷鸟合唱团的孩子们是第一次出场，他们沉浸式享受歌唱的快乐，自在的表演感染了所有人。

艺术是一种最文明、最温暖的表达方式。我们以艺术的方式向着文明前进，应该说真实而生动地呈现出了一小师生文明创建中最重要的元素——人的精气神。

活动——个个都做文明事

我们坚持认为校园文明是真实可见的，更是人人可以参与创建的。在教学日，校园里总有一个班的孩子在老师的带领下做校园志愿服务工作，无论是整理盼归处书籍、清理招领处衣物，还是捡拾校园内杂物，孩子们都乐在其中。客观地讲，校园有专业的物业公司打理，这些事不需要学生动手，但这种志愿服务的意义在于让孩子们享受为学校、为同学做贡献的过程，享受劳动带来的满足感。

在校内，我们认为秩序是文明校园的标尺，并以"好好____"德育系列课程的方式推进秩序建设。"好好吃饭"以食育为载体，通过"食知、食操、食趣、食礼"形成了"最生活的自然教育"；"好好走路"从校园生活的最基本方式着手，要求学生走出安全、走出秩序、走出精气神，让"每天一节五千五百人的课间操公开课"成为现实。正在进入实施阶段的"好好锻炼""好好交友""好好阅读"等课程一如既往地从孩子校园生活的"行走"出发，设计"行走"场景、项目、内容和评价，在各种"行走"中遇见"序"。井然有序、生动有序已经成为一小的常态。

校园——处处都是文明景

校园是所有师生的家园。大到校园建筑，小到一草一木、一砖一石，都要成为校园自然风景，更要成为文明景观。我一直有一个执念，那就是所有的建筑都要进行表达。因此，除几幢楼的名称外，我们不在校园建筑外立面做任何上墙的所谓文化建设。因此，建校近二十年的校园，依然布局合理，简约大气，环境幽雅，现代感与儿童味巧妙融合。

自然景观容易得，但文明景观需要共建。"我为核心价值观代言"的照片栏与学海边的绿化植物融为一体。中午时，一年级的孩子们站在学海边看看鱼，再看看照片，灵动的感觉扑面而来。教育家广场建成很多年了，早上总有孩子绕道从喷泉边踩着铃声入校，经过仔细观察，我才发现原来孩子们总会用手摸摸立式浮雕上的人物和文字。触摸是最真实的学习表达。"共建一间美好教室"活动发起之后，得到了师生的热烈响应，顿时，一条条绿意盎然的长廊成为孩子们课间观察、课堂学习的重要资源，更成为一道校园文明风景线。

写到这里，我还在回想创建的过程，师生共同参与文明校园创建的点点滴滴。学校的每一间教室都干净整洁，每一间办公室都温馨优雅，每一个角落都花草葱茏、绿树成荫，这是我们创建的目标，但我们更珍惜那个齐心协力的创建过程。此时，过程比结果更重要。

曲终人散。现场会有终时，但文明创建无止境！

看着放学的孩子、忙碌的老师，我在想，借用一句话"你若安好，便是晴天"，那么"你若文明，便是风景"。文明，让我们每个人都成为学校最美的风景！

立冬日，孩子们送出 5000 多杯"奶茶"

——温暖的家长学校随笔

今日立冬，一学期一次的家长学校如约开班。本学期的主题是"读"懂孩子，"育"见未来。

"您能辨认出这幅画中用汉语拼音写成的祝福吗？"一年级孩子识字不多，只能用拼音表达。"对，您猜对了，是'爸爸妈妈我爱您，您辛苦啦！'"

这是今天家长学校开班，我们发动的一次"立冬送给父母的第一杯奶茶"活动的场景。下午两点，经过一周的精心准备，全校 5482 名孩子用自己五彩的笔和诚挚的心创作的"一杯奶茶"美术作品温暖送达。教室里，爸爸妈妈们仔细读着孩子"奶茶"的特殊配料单和送出的祝福语，心中有欣喜，有激动，有自豪。手"捧"一杯杯"奶茶"，他们看在眼里，甜在心里。家长说："这是我今年收到的最珍贵的礼物。""我拿回家后要把它珍藏起来。"一位爸爸一脸自豪地拿着三年级女儿的"奶茶"说："她虽然没有写名字，但我知道一定是女儿送给我的，因为配料表里都是我爱吃的东西。"

下午，冬阳暖暖地照着校园，105 间教室里"香气扑鼻"，弥漫着暖暖的奶茶香和亲情味儿。

孩子说——这里有我在学校的样子

下午，因父母们来参加家长学校活动，所以孩子们不在校园。但校园里到处都有孩子们留下的身影或作品：教室门外的班级风采展示栏里，九月演诵节、十月"看得见的劳动"比赛活动、"秋季劳动实践活动"中孩子们挥汗如雨的劳动场景，被老师定格了下来；各科的作业整整齐齐地放在孩子们的桌上，翻看作业，仿佛能看见他们认真书写的样子；今年我们"打造一间美好教室"的活动新增了一个绿化的评价维度，孩子们带来自己喜爱的植物进行种养，不经意间成全了一条条生机盎然的绿色走廊；十一期间，"我和我的祖国"创意画从一楼一直展示到四楼，每一幅作品都在表达着"我爱祖国"；这里还有"我为核心价值观代言"的金句、精彩作文等学科作品展示。孩子们虽然不在校园，但我仿佛看见他们在表达，在作画，在谈论，在书写，在锻炼……

家长说——回家要给孩子一个大大的拥抱

从进入教室，坐在孩子位置上那一刻起，那杯温暖的、神奇的"奶茶"就深深地触动着家长。家长们手捧"奶茶"仔细"品味"，不时和其他家长交流分享。我也在教学楼走走看看，和家长闲聊。一年级有不少班级的孩子居然用到了三种方法完成创作——黏土、剪（撕）纸和绘画，虽说工整度不够，但一点也不影响作品的可爱。我问一个学生的爸爸："孩子送给你的奶茶怎么样啊？"他不好意思地说："奶茶是送给妈妈的，我要反省！"三至五年级孩子的作品，水平明显高很多，且很有创意。三（8）班方姝喆的"2023立冬的第一杯奶茶"吸引了我。这是一个立体造型的作品，黑色的底色上那杯通体橙黄的奶茶栩栩如生、呼之欲出，杯顶斜插的两片柠檬清新可人，杯中黑色的珍珠清晰可见。它有品牌：豆宝的茶。它有配料表：开心雪顶、小小布丁、美味橙汁、大大珍珠。这款奶茶的名字叫"马到橙功"，送给爸妈的祝福是："To 爸爸妈妈，祝你们工作顺利，马到"橙"功，每天开开心心！"我拍下这杯"奶茶"，提前感受浓浓的情意和感动。

我继续穿行在各班教室，和家长们分享着为人父母的快乐。"元气奶茶"的创作者说："妈妈，希望你喝了这杯奶茶后元气满满。注意保暖！"倪飞翔的妈妈笑着说："校长，你看我家孩子写的——奶茶在手，天冷不抖，一看就是这个搞怪精的手笔。"果然知子莫如母，听得出来这话里全是"骄傲"。我又遇上了四（3）班张一辰的爸爸，他对儿子的奶茶评价不错，说符合儿子的创作水平。我和他分析这杯奶茶里的"心意"：有作品意识——壹辰出品；有真诚祝福表达——这一杯奶茶，都是满满的爱。虽然这句话写得很小，不易被发现，但我仔细观察，发现奶茶已经溢出杯子，好一个形神兼备的表达！

我路过一年级教室时，潘慧娇老师班上正在播放孩子们在校园里录下的对爸爸妈妈说的话：我希望你能陪我一起聊聊天，陪我一起参加户外活动，陪我一起阅读，还有你平时不开心了可以找你的小宝贝说一说……

回到办公室后，同楼层的六年级家长和我熟悉一些，大家交流起"一杯奶茶"的"口感"。一位妈妈悄悄地对我说："回家要给儿子一个大大的拥抱。"虽然含蓄是我们的传统，但爱还是要大声说出来的！

听，孩子们用"一杯奶茶"在大声说：我们爱爸爸妈妈！

老师说——这里有孩子生动、精彩的校园生活

今年的家长学校活动，我们保持了全科教师进班和家长交流的传统，以展示我们培养德智体美劳全面发展的学生的办学信念和坚定行动。语数英老师早早做好了准备，中午最忙碌的是综合学科老师，他们在自己任教的几个班一边拷贝 PPT，一边和班主任交流班上孩子的状况，这是多么生动的班科交流会！以孩子为中心，各科老师从不同的视角发现、挖掘、放大孩子的优点或特长，哪有不成长的孩子？

十月的"看得见的劳动"，学校在家务（班务）、生产劳动、社会志愿劳动三个方面就不同的专题动了脑筋，下了真功夫，孩子们一个月来的家务和学校劳动记录册内容鲜活，尤其是三个年段的清洁主题，层次分明，循序渐进。一年级入校课程已经进入第六次活动，教室里满墙都是孩子的作品，学习在这里发生，成果在这里呈现，这里有孩子真实的生活。每个班都有自己的专属小视频，记录着孩子在学校一天的生活：升旗仪式上大声唱国歌的样子，课间操时欢乐运动的身影，上课发言、书写作业的样子，还有表演的场景、比赛的过程。

这一切都通过老师的一双慧眼发现，再现。

学校到底是一个怎样的存在？学校是属于学生的，应该是一个生动有趣、有安全感的生活场所。从这个角度理解，我们的价值取向应该是为了学生全面而富有个性的成长，而不是为了办好学校。换句话说，如果一所学校为了学生全面而富有个性的成长而存在，那它一定是所好学校。

看着家长们带着孩子们送上的一杯杯"奶茶"离校，可以想象这些专属于父母的"奶茶"，每一杯都是一种独特的幸福味道；可以想象今天五千多个家庭里一定暖意浓浓，爱意浓浓，充满甜蜜。

真好，立冬快乐！让"奶茶"温暖我们的每一个冬日！

第四章

最美在教育细节

大人和孩子的区别是什么？大人是穿着雨鞋不踩水，小孩是不穿雨鞋偏要踩水。

——《落叶上的童心诗意》

一切拥有，都值得感恩

今天是 2024 年的第一个工作日，我在细雨霏霏中出门。上周连续多日重度雾霾，即使是晴天，师生也只能在室内活动，这场雨算是新年送给大家的健康礼物。

1

雨越下越密了。路过学校大门，看见两个保安师傅在门口值班，我在心里嘀咕："这个特殊天气，怎么没有全员到岗呢？"进入校园后，我看见五六个保安师傅正在组装校内的遮雨棚。队长小黄看见我便解释说："天气预报说是小雨，就没有提前组装好。"我面无表情地回答："那就抓紧吧。"也就一顿早餐的时间，校内的遮雨棚组装好了。我发现了一个细节，他们把雨棚内的一个排污口用红色隔离带做了物理隔离。我心里为之一动，他们在提供服务的同时，心里装着师生的安全。

说实话，5500 人的学校，保障安全是我面临的最大工作压力。无论是校内还是校外，无论是上学还是放学，安全工作都必不可少。新学期的安全工作得到了教育局的大力支持，学校安保力量进一步加强，人数增加到 12 人之多。但每天学校门口上万人的上学潮、上班潮叠加交通流，使得交管部门的同志们开玩笑讲，每天的交通压力不亚于举行一场演唱会的。

本周我值周。早上，我加入家长志愿者的队伍，一起接送学生入校。忙碌中，我看见保安师傅们身着雨衣，不时帮家长接下电动车上的孩子，帮忙背一下书包。"送完孩子的家长，请尽快离开大门口。"保安郑师傅不停地提醒着，以维持校门口的秩序。大门口，两位保安师傅手持器械，巡视着学校周边的情况……有了警校家的合力，即使今天是雨天和元旦后首个工作日重合，秩序亦井然。

孩子们入校后，我也结束了门口的执勤。路过保安室，瞥见门口桌子上摆了一排师傅们的早餐，我猛然反应过来：师傅们没有吃早饭就投入了工作。

其实，我无数次听到过来参观或来学校办事的领导、同事、朋友说一小的保安队伍整体素质很高，师傅们热情客气，有礼有节，他们回去要好好培训单位的保安队伍。我一度引以为傲。日常在学校，保安师傅总是尽最大力量参与学校的活动。学校男老师少，凡是要使体力的地方总是少不了他们。每学期开学分发课本、资料，学校搬运物资，总会出现他们忙碌的身影。再看看门房，摆满了家长给孩子们送来的东西，课间他们就会分楼栋分楼层地帮孩子们把东西送到教室。

其实世上哪有容易二字，无论是做人还是做事！

2

学校最热闹的午餐时间到了。因急着上交一个汇报材料，我一抬头已经12:25，于是冲到六年级的教室看看孩子们的午餐情况。三班和四班是一直以来的午餐"不积极"班级，今天居然四个菜盆全空。三班的孩子说："校长，今天我们是积极分子啦。"我问："今天有什么好吃的？"孩子们笑着说："今天的饭菜色香味俱全。"从菜盆里隐隐约约可以看到有胡萝卜烧羊肉、玉米粒炒鸡丁、洋葱圈和甜白菜，红绿相间，颜色确实好看。从空空如也的菜盆看，味道一定是不错的！

本想去食堂当面表扬下食堂大厨和经理，但没碰上人，于是给经理发个微信："今天午餐配餐不错，六年级孩子们几乎吃完！""谢谢校长鼓励，继续加油！"我可以想象出小黄经理嘴角上扬的样子。说不定明天的后勤早会上，她也会把这句有感而发的"表扬"传递出去。

这些点滴瞬间正是我们生活或工作中的"小确幸",虽小,但足以带来满足和愉悦!

每天早上,唤醒学校的从来不是师生,而是保安师傅和食堂工作人员。保安师傅负责学校的内外安全保障,上学和放学时,隔离带、隔离栏、提醒牌等设施设备总能早早到位。食堂是学校最具烟火气的地方。七点前,热气腾腾的早餐已经准备好,并且"营业时间"从七点一直持续到八点半。供应早餐的同时,后厨始终保持开足马力的状态,5000多名师生的午餐正在紧锣密鼓地准备着。除了他们,还有学校的保洁师傅在忙上忙下……

今天是阴雨天,不到下午五点,天色已晚。六点半,孩子们结束一天的学习,老师们结束一天的工作,校园静下来,我的心也静下来了。

新年的第一天工作就这样结束了。

从繁忙中抽身,与自己对话,与他人对话,与工作对话,内心感到难得的安静与平和。感恩是此刻最适切的词语。学校生活中所有人创造的点滴美好,才是我们真正拥有的幸福。

一切拥有,都值得感恩!

落叶上的童心诗意

三（2）班，是我认识学生最多的一个班。

从他们一年级开始，我就在这个班里获得过无数次的"特殊待遇"，比如小学第一次和校长合影，突然发出"爱的抱抱"，在我听课时给予热烈的掌声，比赛胜利后像抢橄榄球一样扑向我庆祝……我每每路过这个班，孩子们都会用各种热情的方式和我打招呼，所以我自认为和这个班孩子的关系挺好。

这周我值班。中午阅读时间巡校，路过三（2）班时，我被小许老师叫住："校长，快来分享一下孩子们的周末作业。"于是，我走到讲台前。三张课桌和一张讲台上密密麻麻地摆满了孩子们的周末作业。

小许老师介绍说，这个单元的学习主题是自然景物描写，武汉的秋天如此灿烂和斑斓，给她带来了灵感，于是她布置了一项实践作业，让孩子们以树叶为主题在武汉寻找秋天和表达秋天！我笑着对她说："其实你想让孩子们留住秋天。"

作业很多，每个孩子不止一幅。作业虽然大多是树叶画，但树叶画又有好多种类。我俩欣赏着作业，孩子们从座位上簇拥到讲台上，争着要我用相机拍下他们的作品。花花绿绿、大小不一的树叶画似乎很常见，但仔细翻来，越看越有趣，越看越有味儿。在这些斑斓的树叶画里，藏着每个孩子的世界。

画意树叶

树叶"变"出了很多不同的造型，一幅幅充满童趣的树叶画，展现了孩子们无限的创意，孩子们用树叶演绎了秋天的童话。用不同的树叶拼贴成一幅充满意境的画，这是树叶画的基本形式，但三（2）班的孩子们对于树叶画有着独特的理解。

你看这是有着诗风禅韵的树叶画：墨绿色的花瓶，五片黄色的银杏树叶。画面清爽简约，自带一股浓郁的古风。戴子诺的《秋雨》使用了同样的技法，但表现出盎然的童趣：人们对于秋雨往往是不喜欢的，但画中的小女孩穿着雨鞋使劲踩水，雨水四处飞溅，整幅画都在告诉我们何谓"开心"。大人和孩子的区别是什么？大人是穿着雨鞋不踩水，小孩是不穿雨鞋偏要踩水。

这是有着油画质地的拼贴画。"小鱼儿"生性活泼好动，但对于各种阅读却沉醉且笃定。我没想到的是，这幅油画般的拼贴画是他的杰作。原来阅读和创作同样可以让一个孩子进入心流状态。

科普类的拼贴画中，科学常识当然必不可少，但孩子们对科学常识进行了自我加工和内化，它们就变成了可亲可触可感的"活知识"。像这幅《自然笔记·银杏》可谓文质兼美，小家伙一定花了不少时间。作品《不同的树叶展示台》标题一般，但小作者在每一片树叶旁都写下了自己的感悟，读起来像给树叶配的小诗，别有一番韵味。

古灵精怪的龚千硕给他的树叶画取名叫"树叶精灵"。乍一看，画面中有无数双眼睛在忽闪忽闪，真是画如其名啊。更可爱的是他让大大小小、形态各异的树叶精灵分布在画面的四周！这个视角好独特，像是从空中拍下了树叶精灵七嘴八舌甚至张牙舞爪地开会的场景。而李景冉的创意来自"两只黄鹂鸣翠柳"，他笑着说："我这是'两只黄鹂鸣银杏'，只是黄鹂胖了点儿。"

有意境，有主题，有情感，这对于任何上乘创作来说都是必备的。今天孩子们的树叶画丰富多彩，意境悠远，我想这都归功于孩子们的寻找和表达是自由的。唯有自由的人，才有感悟的闲暇、创造的快乐。唯有自由的时候，我们的灵感才在飞扬，思维才在穿越。

因为自由，孩子们沉浸在秋天里，醉卧在落叶中……

诗情树叶

从来诗情与画意，不可分离。落叶激活了孩子们内心的诗情，除了创作树叶画外，不少孩子写起了小诗。

吴亦泽的诗配画作品《银杏秋色》中，金黄的银杏树下，有树叶在飞舞，有少女在吹笛。搭配的小古诗朗朗上口，押韵工整。

银杏秋色
——吴奕泽

银杏秋来叶泛娇，黄裳披挂傲云霄。
清霜偶染玲珑透，月下含羞把笛邀！

毛奕鸣的《秋叶》，读来有散文诗的味道。

秋叶
——毛奕鸣

秋天来了
树叶悄悄换上了新装
美丽的枫叶，红的似霞
漂亮的银杏叶，黄的赛金
捧一把枫叶送给我的老师
祝老师身体健康
摘一片银杏送给我的同学
祝同学好好学习，天天向上
我爱秋天，更爱秋天的落叶

龚千硕作画还作诗，最后两句着实让我惊艳："落叶随风飘不尽，唯有银杏不负秋！"他小小年纪，竟然有岁月沧桑之感。

银杏叶
——龚千硕

秋日银杏挂树梢，随风飞扬似雪飘。
悄悄落地沙沙响，层层叠叠似黄金。
拾起一片银杏叶，细看似伞又似蝶。
落叶随风飘不尽，唯有银杏不负秋！

万昱辰诗情澎湃，一下子写了两首。《赏叶·其一》和《赏叶·其二》，姓名前的"现"字让我忍俊不禁。

赏叶·其一
——（现）万昱辰

银杏林秋落叶黄，松柏四季披绿装。
文竹秋冬不落叶，叶子非凡似丝带。

赏叶·其二
——（现）万昱辰
绿萝四季永不黄，丹桂飘香枫叶红。
兰竹长碧不褪色，秋高赏菊冬赏梅。

最后是一首无题诗。诗的最末一句"像你眼中的世界"就成就了诗眼。全诗由近及远，纵横驰骋，展现了儿童想象力的无边无际。

秋天来了，秋叶跟着秋风

在空中飞舞
像飞机
像降落伞
像海船
像你眼中的世界

还有王迦泽，他把拟人的手法运用得出神入化。"秋风，最喜欢夸奖别人。"这个夸奖透露出了他的小秘密，谁不喜欢被别人夸奖呢？

"每一个儿童，都是天生的诗人。"他们写的诗，真实自然又情感丰富，我每每读来，感觉世界都温柔了许多！

可爱的三（2）班，可真是人才济济，未来可期啊！

天真烂漫是吾师

12:10，午餐开始了。

老师和当天值餐的小朋友开始忙活起来。戴口罩，戴手套，穿围裙，行头一样也不能少。铺桌布，放餐盆，摆餐具，流程一样都不能马虎。班上的小朋友们开始排队领餐了。

今天我在一（1）班陪餐。趁排队的空当，我和小朋友聊起天来，天南地北，有一句没一句的，想到哪儿说到哪儿。聊天，扯闲篇儿，不就是这样吗？越是这样，孩子们的话越多；越是这样，谈论的面越广；越是这样，谈论的内容越丰富。也只有这样，我们才能了解真实的孩子。

"校长，你挑食！"
——这不是《皇帝的新装》里的那个小男孩

打好了饭，我坐在教室最后一排。看见邻桌的陈嘉禾还在填写科学手册，我提醒他说："先把饭吃了再填吧。"他回头看看我，吃两口又继续填写！我顺手拿过科学手册，发现他在改错。同桌女生说："这会儿是吃饭时间，不是写作业时间。"我连忙附和说："对，我们在什么时间就干什么事儿。"于是我们埋头吃饭。一转眼，他又去玩一团纸。很显然，这是个注意力不太集中的孩子。于是我问他还想吃什么。同桌抢着回答，说他最爱吃炸鸡柳。我说："我俩今天比赛，要是能一起吃完，我就给你加半勺炸鸡柳。"

他点点头，答应了，舀起一瓢饭菜，使劲往嘴里塞，吃饭的速度明显快了很多。

除了炸鸡柳，今天的午餐还有肉末豆腐和甜白菜。旁边的同桌看看我的半碗甜白菜和一小坨饭，用勺子指指我的碗说："校长，你挑食。"我一时语塞，没想好怎么回答。确实，我很少吃油炸食品，不爱吃看上去黏黏糊糊的东西，尽管它们味道不错！

我确实挑食了！

我看见他的碗里有今天的三个菜，于是表扬他说："你真棒，今天所有的菜你都吃了。我嘛，想要吃清淡些。我特别推荐你吃今天的甜白菜，很好吃。"值餐的小舒老师给他打来了半勺甜白菜。小男孩试了试，说："是有点甜。"

"校长，你挑食。"这句话听上去是不是很耳熟？我不禁想起《皇帝的新装》里那个男孩振聋发聩的声音——皇帝"什么衣服也没穿"。这是个正常的孩子，是葆有天真的孩子，他只是在据实言说。这个故事中的小孩子，不一定专指"孩子"，在社会生活中也总有心思简单、不计较得失、敢于将看到的真实情况说出来的人，他们其实都是那个"孩子"。在这一点上，我们应该向孩子学习。

"长大了干什么，我还没有想好"
——成长是一个边长边想的过程

吃完饭后的教室里热闹起来。

一部分同学忙着收拾餐具、整理桌椅和打扫卫生，我们其余人开始讨论教室里最丰富多彩、最有谈资的课程作品展示墙上的内容。开学的主题课程《校园生活》中有一个内容是"我的新梦想"——你长大了想干什么？30多个孩子的展示作业里，很多男孩表示想当军人，图画中他们驾驶着各种军用飞机、坦克，一副神气活现的样子。孩子们叽叽喳喳地说着他们的愿望。刘雨薇上来就用一只手捂住了她的第一个愿望。我问怎么啦。她说这个愿望她改了。我仔细看，她画了一个长发飘飘的女孩正在弹奏钢琴，原来她的愿望是当个钢琴家。"那你之前还有一个愿望是什么？""那个愿望我不想要了。"看她不情愿的样子，我停止了追问。她拿起小橡皮，掀起作品封皮，擦掉了那个不想要的愿望。

好吧，这就是孩子，变化的，活跃的，新鲜的，所以每天都是不一样的。

付冠杰是这个班当中最沉稳、各方面表现最佳的孩子。同学们说"我的愿望"画得最好的是他，数学考试总考满分的是他，班上"九九消寒图"里他画了好多朵花。我进教室后听他讲的那几句话，每一句都是那么有理有据：他提醒同桌"吃饭不要用手拿，这样不文明"。他说"今天是冬至后的第 19 天，因为两朵花涂完了，今天涂第三朵的第一个花瓣"。

但当我问起他长大了想干什么时，他想了想说："长大了干什么，我还没有想好。"

"长大了干什么，我还没有想好"，这是孩子的本真表现。所以，教育别急，请慢一点。

等一等，给予他们时间和空间；等一等，给予他们选择和尊重。

写到这里，我忽然有醍醐灌顶之感：其实，我们要以一种新的态度和方式去了解儿童和发现儿童，因为每个儿童的内心都有一个沉睡的成人！

天真烂漫是吾师！

教出活泼泼的人

——2023 年学生印象之三

1931 年，蒋梦麟先生发表了一篇演讲《什么是教育的出产品——首先是个活活泼泼的人》，文中他提出教育所要产的物品，须具备三个条件：一是活泼泼的个人，二是能改良社会的人，三是能生产的个人。其实这也是当时教育定出的产品标准。这篇演讲今天读来仍具有现实意义和启示。其中一段是这样描述的："一个小孩，本来是活活泼泼的。他会笑，会跳，会跑，会玩耍。近山就会上山去采花捕蝶；近水就会去捞水草，拾蚌壳，捕小鱼；近田就会捕蝗虫、青蛙。他对于环境，有很多兴会。他的手耐不住的摸这个，玩那个；脚耐不住的要跑到这里，奔到那里；眼耐不住的看这个，瞧那个；口关不住的说这样，那样。"文字很是精彩，一个孩子就当如此活泼。

社会在变，孩子的天性没变。无论在小学还是在初中，我们都要认定学生本来是活泼的，儿童天生是一个活泼的人。只不过我们对活泼的理解和定义不同而已。新环境下有新变化，经过教育的儿童有着怎样的形象气质才算是活泼泼的？我们在确定学校育人目标，描绘光谷一小孩子成长的具体形象时，学习借鉴了陶行知先生关于儿童的六大解放理论，用"中国心、健美身、聪明脑、灵巧手、全球眼"来表达孩子的形象。今天细想起来，哪些特质符合"活泼泼"呢？我想用几张我在学校抓拍的瞬间表达我的认识和理解。

会交流，善表达的孩子
——刘奕辰

他叫刘奕辰，今年毕业了。这张照片是去年学校足球文化节期间他做班级啦啦队队长时拍的。看他紧握的拳头、张大的嘴，我仿佛听到了他声嘶力竭的呐喊和加油声。这样的孩子是真实的孩子，是投入的孩子，是忘我的孩子，所以是我喜欢的活泼泼的孩子。三年前的九月我第一次认识他，起因是他们班新学期换了班主任和语文老师，我想了解一下孩子们对新老师的感受。他第一个和我谈起新老师："我觉得刘老师对我们不太信任，总觉得我们做不好或者不好好做。"我很吃惊："为什么会有这种感受？"他说："因为刘老师每件事情都说得太细太多，反复交代，我们都四年级了！"一句话惊醒了我。小刘老师刚上班两年，从二年级调上来，原来老师的年级"落地"不平稳，是很容易被学生发现的。我开始注意他！

他平常很爱出现在追光楼里，要么帮班上同学取营养奶，要么去读书吧看会儿书。上信息科技课时，他总会创造和我"邂逅"的机会，聊几句天。具体聊什么看当时当天的情况而定，但他每次都用这样的开头："王校长，我发现您最近很爱笑。""王校长，您昨天的裙子好看，您穿红色显年轻！"从观察谈话对象的变化谈起，从发现对方的美好开始，能这样沟通和交流，他的聪明是显而易见的。能主动寻找话题，他身上的主动性则更显宝贵。试想，一个孩子在学校能这样和老师、同学打交道，进入社会或走上工作岗位后，他的智商和情商一定均是在线的，他一定是受欢迎的，也是社会需要的。

"我觉得伤疤不丑"
——邓心平

去年六一，新华网记者慕名来到学校采访刚刚在市晚报杯夺冠的男足。一般这样的活动，采访记者会提前对接好采访内容，以保证采访顺利进行。但采访当天主力队员临时有事没能参加，一向腼腆的邓心平受命出镜并语出惊人："我身上有十几处伤疤，我觉得伤疤不丑，它们记载着我为每一次比赛付出的努力。"四年级的孩子，受命上场，这段精彩发言，绝不是他临时想起来的，而是源于他在四年的足球训练和比赛中刻骨铭心的心路历程。难怪编导一再说，一小孩子的综合素质太强了！平常我带他们班道德与法治课，课堂上他话不多，不太主动发言，但学习习惯很好，练习册完成得一丝不苟。我问过他，他说训练和作业一样，都得认真对待，这样才会有比赛或考试的好结果。这是一个典型的外表冷酷、内心狂野的"活泼泼"的孩子。课堂生活中安静的他，在绿茵场上，断球，拼抢，过人，犹如小猎豹下山，势不可当。

每个孩子都不一样，学校能让每个孩子都呈现出不一样的活泼样子，这多么令人向往。

"当拥有百万粉丝的主播不是我的梦想"
——王新童

王新童，在抖音她是坐拥百万粉丝的主播"鹿眸"，在班上她是文学社社长，在学校布谷鸟合唱团她是主力队员。这个多面手，大大咧咧，快人快语，语出惊人："当拥有百万粉丝的主播不是我的梦想，因为我已经实现了，我还有其他的梦想呢！"

在一次五年级项目式学习活动中，我们发现她拥有娴熟的视频剪辑技术。上午外出学习参观中国地质大学逸夫博物馆，中午两点她们组的小视频就出来了，主题鲜明，活动清晰，成果突出，音乐震撼。老师们不敢相信，发给我看。我请来新童，她用我的手机打开抖音，告诉我昨晚她新发布的视频有九十多万人浏览过！原来疫情期间她们班几个同学一边上网课，一边经营着一个以动漫人物柯南为主要形象而创作视频的抖音号。第一个作品是"柯南的足球段位是多少？"一经发布就有 12 万人浏览。经过三年的努力，她们拥有了 225 万粉丝，是抖音名副其实的大 V。就在上周，她和校布谷鸟合唱团的孩子们一起在武汉市第四届校园合唱节中获得一等奖。她的能力表现在各个领域，"一通百通"的道理，在王新童身上表现得淋漓尽致。"我喜欢唱歌，和大家一起合作一个作品很开心！""做视频时还可以哼唱练习曲呢！"

新童，就是一条穿梭在兴趣和爱好的河流里的鱼儿，灵动而活泼！

据说学校最早的雏形是这样的：德国的福禄培尔认为，一切教育都必须遵循自然法则进行，他开设了一个学校，用各种方法，使儿童自然生长，但他不知道把这个学校叫什么，一日他在山中游玩，看到许多花木，都长得很好，于是就把自己的学校叫作花园（garden）。

不去考证这一说法，单看它充满对美好教育的无限向往和憧憬，一切活泼泼的样子，我信了！

最冷的天，最暖的粥

"三九"名不副实，"四九"言归正传。

今日腊八。

"小孩小孩你别馋，过了腊八就是年。"腊八节就像童谣里唱的一样，开启了温暖美好的新年序曲。

中国人的传统节日里一定会有美食。一碗热气腾腾的腊八粥成为腊八节的标配。不管它是基于对神灵的敬畏和对丰收的祈求，还是源自对勤俭持家的传承，在寒冬腊月的清晨，有一碗热气腾腾的腊八粥就足以慰藉一天的生活。

快节奏的现代生活里，那种温火细熬的过程往往留给了便利店和早餐店，但今天看到不少孩子入校时手捧一杯没喝完的热粥，我还是很欣慰的。

传统，并非离我们越来越远。

今日有雨。

武汉，没到"三九四九冰上走"的程度，但至少是"不出手"。早上，孩子们缩手缩脚地入校，老师们早早地入班。打开空调，整理教室，把孩子们带来的雨伞收拾归拢，把雨衣挂成一排，组织摆放座椅，打扫卫生。早来的孩子有在老师那儿面批面改作业的，也有三五成群谈论些什么的。一、二年级的教室里，温度适宜，灯光明亮，孩子们大声地读课文，读词语，背段落，报听写……在最冷的"四九"天里开启了温暖的早读。

临近期末，师生都投入到紧张的复习之中，学校进入一学期中最忙的时节。语文、数学、英语有纸笔考试，大家都很重视，尤其是对于以学业高质量立校的一小来讲，复习是对教师和学生教与学的全面诊断。因此，"点成线，线成面，面成体"的复习原则正在变成一节节复习课；单元统整、主题复习、单项过关等复习策略实现了组内共研共创共享；"三人行""一对红"的学习小组在中、高年级几乎是遍"班"开花。

这些或许在每一所学校都能看到。

还有两天就要期末考试的校园，和平常没有区别。一（2）班，音乐老师袁馨正在教年级素养课程——吹奏"竖笛"。刚上半年学的孩子们，只能吹简单的主旋律，笛声也是断断续续的，谈不上好听，但节奏是对的，脸上的自信是真的。第二排的小男孩吹着吹着，口水流到课桌上，和我对视的目光里有了一丝不好意思。

三年级的科学老师范聪一边指导学生开展实验，一边拍摄学生的操作过程。他今年申报的学科特色展示是实验操作。以组为单位，分工合作，各司其职，这不是一次课堂表现，而是这个学期形成的科学实验操作的固化流程。

体育馆二楼，三年级花样跳绳班级团体操正在展示。虽然花样不多，但节奏欢快，融入了跳绳的技巧，现场欢乐感十足。孩子们说，这套团体操动作大家练习了好久，因为要进行全班展示，整齐才好看。

三年级的琪琪老师是孩子喜爱的美术老师，像个可爱的姐姐。下课了，她还被孩子们团团围住，领着孩子们把剪纸作品张贴在教室前后门上，贴得满满当当、挤挤挨挨，新年的氛围扑面而来。同样的技法，不同的作品，不同的表达，这就是孩子们的创造。

行走在校园里，每一个热气腾腾的瞬间都能让我感受到校园生活的美好。课堂学习的聚精会神、班级特色展示中积极向上的精神面貌、操场上运动奔跑的龙腾虎跃、合唱室里陶醉自得的可爱至极……如果时间有温度的话，一小的校园一定是冒着"热气"的。

进入冬季，天气多变，季节流行病多发，有不少老师生病。大多数老师一边治疗一边上班，一人生病，全组自发顶上工作。我心疼却没有办法。近期发现很多老师嗓音沙哑，于是这周后勤部门精心策划，为老师们煮了暖心的下午茶水，有冰糖雪梨水、红枣银耳汤、牛奶西米露、姜汁红豆沙等。名字取得好听，味道也不错，因此很受老师们欢迎。大家感慨地说，一杯热饮，暖身更暖心。

其实，这世间最大的幸福，莫过于无论你身在何处，总会有人惦你冷暖、念你安康、问你粥可温。

让我们用一碗粥的温度，书写生活的温暖，努力让自己的日子热气腾腾……

你看你看老师的脸

一个老师到底有多少个面？这得问学生。

中午巡校，我看到五（1）班的"漫画教师"作文展出了。学生笔下的语文、数学、英语三位老师，与我们心目中的形象大相径庭，但仔细读来，似乎更加立体、更加真实，也更加鲜活。

五（1）班的教师组合，无论从年龄、性格、脾气、专业哪个方面来说，都是个很不错的班底。学生更是赞赏有加、不吝夸奖：英语梅老师、语文丁老师和数学黄老师可是"黄金铁三角"。温文尔雅的梅老师被孩子们誉为"梅老虎""梅唠叨"；爱生如子的黄老师，孩子们叫她"黄拖堂"；知性干练的小丁老师，孩子们叫她"幽默丁"。原来只有在朝夕相处中才能建立起真正的"人设"。

我们先来看外在形象。孩子们笔下的梅老师"皮肤白皙，波浪式的卷发拢在脑后，还有两处翘起的发梢，俏皮又可爱，一笑起来两眼弯弯，看起来温柔可亲。但没过两天我们就发现这只是假象"。这是假象吗？日常生活中梅老师原本就是这样，她一年四季脚踩高跟鞋，健步如飞且婀娜多姿。自律的她身材和面容一样青春永驻，是一枚妥妥的中年少女。可孩子们说"梅老师有一双雷达一般的眼睛和一张能说会道的嘴，英语课上她总是四处探测，有一点风吹草动，她立刻就会发现""梅老师红唇皓齿，嘴巴像一个大喇叭，眸子赛灯。她梳一个大丸子头，像浸了油似的乌黑锃亮。"这段描写，还真有漫画的味道，我甚至可以脑补梅老师的漫画形象。通过这稍显夸张的写意般的素描，一位专业过硬、功力深厚的老师的形象跃然纸上。无论从哪个角度想我都会窃喜，为可爱的学生有灵动的语言，也为敬业的老师爱生如子。

除了外在形象，老师们的日常语言、动作也被孩子们传神地捕捉到和表达出来了。人物栩栩如生，场景真实灵动，让人有身临其境之感，有忍俊不禁之意。"有次单词听写后，梅老师咳了几声说：'两极分化真的很严重，好的真好，差的也真的差。''你们说说你们是怎么学的，只对了5个？别天天只顾着玩儿！''你们一个个的，我哪天没有听写和默写？'梅老师发射出一连串的炮弹，那几个同学一听，脸一下就红了。"唉，可怜天下老师心啊！其实不难发现，老师的良苦用心孩子们是心知肚明的，谁是谁非，谁好谁坏，孩子们都懂，因为后面紧跟了一句："可批评的话语刚说完，老师又补了一句：'以后我还是来给你们补课吧。'梅老师是典型的刀子嘴，豆腐心。"这就是淘气、可爱又懂事的孩子——"小大人"。

老师们负责敬业的精神也被孩子们发现了。"梅老师有一个规矩，无论贫富亲疏，必得讲完所有的知识点她才肯下课。梅老师誓要把我们训练成英语界的'六边形战士'，同时也是'上古第一戒尺之城的第168代传人'。""六边形战士"我是懂的，是指无所不能、无一不精的人，而后面这一句估计也是同样的意思。其实老师们的心思孩子们不用猜，因为我们的言谈举止已经表达得明明白白、真真切切。

网上有一个叫钟美美的男孩，模仿起各科老师惟妙惟肖，五（1）班的孩子有过之而无不及，只是他们用生动的语言来"模仿"："'梅老虎'有一双火眼金睛，她站在讲台上，谁玩笔呀，讲小话呀，便被看得一清二楚，一旦被发现可就惨了。'梅老虎'会拍桌而起，指着开小差的人大喊：'你还玩啊，父母把你送到学校是来学习的，不是来玩儿的！东西没收，写检讨。'那个同学乖乖地把东西上交，然后哭丧着脸，慢吞吞地回到座位上。之后再也没有人敢在'梅老虎'的课上捣乱了。'梅老虎'也有软硬兼施的时候。如果有同学继续喋喋不休，她便会半开玩笑半批评地说：'说什么呢？跟我分享分享呗。'那个同学的脸会变得像苹果一样红，不说话了。"

真正的爱与责任息息相关！

我们承担教育和引导的责任，需要严爱相加，严而有格，严而有效，哪怕暂时不被理解，哪怕被误解，心中五味杂陈，也依然会尽职尽责。这份极具挑战性的工作会带给我们一股股感动、一丝丝欣慰、一份份力量，这或许就是教师这份职业让我们陶醉其中的原因。

不信，看看孩子们的语言："果然名师出高徒，这句话没错！""经过这件事后，我心里那个瘦瘦高高的身体更加耀眼了！"

孩子们，这是你们眼中的全部"梅老师"吗，其实远远不止这些。悄悄告诉你们——你们口中的"梅唠叨"唱起歌来绝对是专业"麦霸"，堪比歌星；你们口中的"梅老虎"是一对如花似玉的女儿温柔的妈妈；你们的梅老师还是我们学校甚至我们区英语老师的一面旗帜……

孩子们，你看你看，老师有多少张脸？再多的脸、再多的面也是为你们而改变！

孩子们，你们是可爱的，更是幸运的，因为你们有爱你们的父母，更有爱你们的老师们！

小孩的童话，大人的寓言

——读《小王子》中的"驯养"

"不错，你对我不过是一个男孩子，跟成千上万个男孩子毫无两样，我不需要你，你也不需要我。我对你不过是一只狐狸，跟成千上万只狐狸毫无两样，但是你要是驯养我，咱们俩就会相互需要，你对我是世上唯一的，我对你也是世上唯一的……"《小王子》中，狐狸正在跟小王子讲解什么叫建立感情联系。

不知道是什么原因，虽然我已经读了很多遍《小王子》，但感觉每一次和这个忧郁的小王子对话，好像都会找到新的感悟。这本只有几万字的故事对小孩来讲是童话，对大人来讲是寓言。作者在献词里写道："每个大人都是从做孩子开始的，然而记得这事儿的又有几个呢？"确实，如果小孩要看，拉着大人讲给他听，大人在讲的时候也会找到自己失去的东西，这样就会促进大人小孩一起看，就像书的第四章说的："我乐于把这个故事的开头写得像篇童话……只是我不喜欢人家，不当一回事儿地读我这本书。"

这几句俏皮的献词，好像钥匙一般打开了书中的世界。用小学生都能读懂的语言，在无边无际、纯洁一片的黄沙前，触碰关于爱、关于友情、关于责任的人生话题，所以世上才有了常读常新的《小王子》。

狐狸说："驯养我吧。"小王子问狐狸："驯养你需要什么呢？"狐狸说："需要有非常的耐心。"

每年九月，总有几个孩子有入校困难综合征——哭哭啼啼的，扯着家长的衣角不放手。在这些孩子中，我认识了一（19）班的"小鸭"。

她的成长和变化还是比较明显的。从由妈妈送到姥姥送，从送到教室到送到学校大门口，已经经过了一两个月的适应期。我清楚地记得她哭着和我说："妈妈答应我下午要来接我的，可是她昨天下午没来接我，以后每天都不能来接我。"无论我和老师怎么解释妈妈还没有下班，对她一点作用都没有。我们百思不得其解。第二天早上我在校门口遇到她姥姥，姥姥说小鸭之前上的幼儿园在妈妈单位附近，所以妈妈每天都可以接小鸭。原来如此。

再对照这一两个月里妈妈和姥姥对小鸭入学的态度，我们感受到了小鸭的无助和可怜。前两天妈妈还好生讲道理，轻声细语，但几天后已经逐渐失去耐心。闹得最厉害的一次是两周后的一个周一早上，小鸭的妈妈把她送到门口时，她已经哭得眼泪横飞，扯着妈妈的衣服不放，最后直接赖在地上，把妈妈的腿死死地抱住。遇到这种情形，值日老师会上前帮忙。妈妈估计上班心急，一脚蹬开了小鸭，转身就走。这下可坏了，小鸭从地上爬起来边哭边追妈妈，那一幕我永远忘不了！

我们每一个人从出生的那一天起，就天然地被父母"驯养"。父母喂养子女长大，教他们学说话、学走路，付出的心血和劳动无法计算，就像小王子愿意把时间花在那朵玫瑰花身上，给他的玫瑰花浇水，盖罩子，竖屏风，除毛毛虫，甚至还愿意听玫瑰花埋怨吹嘘，聆听她长时间的沉默一样。

小鸭的姥姥告诉我，之前上幼儿园从来没有遇到过这样的情况。于是我要班主任找来小鸭的妈妈，帮她分析小鸭上学困难的原因。三年幼儿园期间，每天下午5点以后小鸭都是兴冲冲地等候妈妈来接她，如约而至的妈妈给了小鸭生活的安全感，连放学的钟点也有了特殊的含义。下午5点意味着妈妈要来了，意味着和妈妈的聊天开始了，意味着可以吃到妈妈带来的好吃的了，甚至意味着可以和妈妈抱一抱。我不禁想起书中狐狸告诉小王子的，"驯养"一定是让双方高兴的，如果"驯养"让双方受到拘束，感到痛苦，就一定是什么地方出了问题。狐狸还举了自己的例子："如果我驯养了你，你下午四点钟来，那么从三点钟起，我就开始感到幸福。"因此5点放学对小鸭和她妈妈来讲是一种幸福的"仪式"。而这种仪式是让两个人感到幸福的秘密，也就是说小鸭体验到了"驯养"的幸福。

幼儿园毕业升入小学后，这种熟悉的幸福感没有了，这种相互需要的"驯养"关系被生生切断了，再加上学校环境的变化，小鸭的无助感和失落感叠加，她就变得惧怕，变得爱哭闹。读懂了小鸭的心理和需要，此时妈妈的耐心显得很重要。即使在上小学前妈妈曾多次带着她来到学校，也陪过她两天，但对于已经形成习惯的小鸭来讲，这个变化和转折是巨大的，是痛苦的，更是艰难的。于是我请小鸭妈妈调整下班时间，来学校接送小鸭一段时间，给孩子多一点耐心和时间，让孩子慢慢适应。

　　应该是两三个星期后，我惊喜地发现变成姥姥来接送小鸭了。

　　如果我们用"投入时间、责任、喜悦（幸福）、仪式"等标准或要素来评判，应该有很多大人没有体验过"驯养"的幸福。再回到学校，我们和学生形成的"驯养"关系，经营和发展得怎样？我们有没有体验到彼此需要、彼此关爱、彼此成就？

　　其实狐狸说的"驯养"，不就是人类所说的"喜欢"，不就是人类所说的"友谊"，不就是人类所说的"爱"吗？

　　什么时候懂得"驯养"都不会迟！

立春，风雪中最可爱的人

今日立春，雪终于来了。

一夜醒来，目之所及，粉妆玉砌，一派冰雪风光。想起昨天朋友圈里那句有趣的话："大雪前的冰冻天就好比生闷气，不如痛痛快快地吵一架。"昨夜的"这一架"吵得可谓酣畅淋漓。

冰凌花开，冰挂闪亮。雪还在下，房顶、围墙、马路、车上，一片白茫茫。雪不知何起，却足以一往情深，飘飘洒洒，随风起舞，飞向心心念念的远方。屋檐上的厚厚雪边儿，屋檐下的透亮冰钩儿，相互对望，诉说冬天的故事！放眼望去，小区仿古路灯一字排开，头顶雪帽，身披冰凌大氅，好一幅穿越场景图。或唐或宋，或明或清，即使没有人物，也足以动人心魄！

雪还真是神奇！一下雪，南京就成了金陵；一下雪，苏州就成了姑苏城；一下雪，襄阳就成了古襄阳；一下雪，西安就成了长安；一下雪，北京就成了北平……原来一下雪，这些地方都美成了人间天堂。

万物都有两面性。欣赏着雪带来的妖娆景致，也要承受它带来的不利甚至是灾害。中午时分，雪越来越大，也越来越密，我冒着大雪出门。车库前的树倒了，车出不了门。于是叫网约车，但15分钟过去了，页面还在显示"正在努力为你寻找司机"。沿途车辆几乎是爬行。想想，没有双脚到不了的地方，步行吧！

走在风雪里，沿途所见，都是认真努力生活的人，都是值得尊重的人：送外卖的快递小哥，坚持出行的网约车师傅，沿途清扫积雪的环卫工人，开除雪车的司机师傅，维持秩序的交管人员……路过一座天桥，我真诚地对交通管理的同志说："辛苦了。"没想到他很认真地回答我："为人民服务！"迎着风雪出门，那份勇敢，那份义无反顾，让他们成为风雪中最可爱的人。

日常20分钟的车程用了近12000步才走完。急行军式地走路，每一步都要小心。感觉两条腿都快走废了的时候，终于到学校了。

学校里有一群更可爱的人。今天负责后勤的贺主任值班，从早上开始，她和陪同值班的儿子就一起和保安及后勤师傅们清理校园了。

大自然给你美丽，也会显示它的威力。校门口的三棵大树，高高的树枝实在不能承受冻雨之重，碗口粗的枝丫断裂达十几处，不时还有树枝垮掉的声音。追光楼门口，足足有四层楼高的樟树已经有不少枝丫垮掉。靠近教学楼的树枝"一边倒"，随时有断裂的危险。清理时要注意安全。保安师傅们自制工具，用长木板推雪，一人推一人拉，高效率地清理路面积雪。

我们的铲雪队伍在不断地壮大。路过学校的体育老师张和与女朋友，停下车加入铲雪除冰大军中；门口来了两拨来看下雪后的母校的毕业生，也加入了拖树枝的行列。大雪纷飞的校园里，老师、学生、保安师傅、保洁师傅干得热火朝天。学校大门口及主干道的路面，在大家的努力下，终于变得清清爽爽。

路上到处都是被冻雨压垮的树枝，挡住了行车道路，更封锁了人行道。倒下的树枝挡住了道路，人只好绕道而行，走着走着，身后一阵巨响，又有一根树枝垮掉，砸向地面，想想都有些后怕，于是加快脚步，远离大树。想想即使今天环卫、城管和公安等部门全员出动，也处理不了沿途出现的状况，更何况学校呢？于是我们找来电锯，将垮落的树枝锯成小段，归拢到操场上。今天的任务很清晰，主干道的大枝丫要清理好！

绚烂的尽头是灾难。昨天冰凌花开的蜡梅，今天俨然成了冰雕。我心心念念的大香樟树被摧残得惨不忍睹，好几棵已只剩光秃的枝丫。追光楼前那棵雪松，再也直不起腰肢。此刻，我唯一的愿望是：雪啊，到此为止吧！

全城厉兵秣马，严阵以待：交警全员待命，环卫工人通宵除雪，三镇闻雪而动！可天气预报说，今晚还有暴雪，同时发布低温雨雪冰冻橙色预警！

今日立春，龙年，动静有必要弄这么大吗？

新年里，成为自己的光

今天，正月初一。

新年有新的模样，新年有新的念想。

所有的语言化作祝福，化作期许，送给新年里的所有人，送给所有人的新年！

我们收到的祝福，或隽永或热烈，或朗朗上口或对仗工整，或图文并茂或音画兼美，不吝溢美之词，道尽无限憧憬。新年里，在看到的听到的、收到的发出的新年祝福中，我独爱几种。或是生机勃勃的成长感，或是滚烫肆意的生活感，或是言有尽而意无穷的意韵感，这些语句带来情景，制造想象，让人产生共情和共鸣，具有冲击力和想象力，让新年、让未来充满情意，充满诗意……

1

万物生长是新年里最好的祝福！祝福每一分努力都能开花结果，每一天都充满新的生机与力量，不负四季，不枉此生。

但很多时候，我们会略显尴尬：已不再年轻了，却也没有充分地成长；想依靠自己却发现还差一点；想要往前走，却发现前路漫漫，前有迷雾后有压力。迷茫尴尬时，时间依旧拖着你；不再相信时，心底还是会有所追寻。我们都跑不过时间，但还好我们可以跑过昨天的自己。卢思浩在《愿有人陪你颠沛流离》中极其真实、极其精准地道出了我们的无奈与倔强。暗暗成长，才会落落大方，相信"不要轻易放弃，最好的东西，总是压轴出场"。

我很喜欢部编小学语文教材中《夏天的成长》这篇课文。"要赶时候，赶热天，尽量地用力地长。"这里的"热天"哪里是指季节，只要是有利于学习知识、有利于成长的时间，就都是"夏日"；而那个"长"字也不仅仅指身体、年龄等的生长，还指知识的积累、认识的提高。是啊，人生何时不"夏日"，人生何处不"成长"！

你一定要"走"，"走"到灯火通明。

2

王小波在《爱你就像爱生命》里写道："我希望我的'自我'永远'滋滋'作响，翻腾不休，就像火炭上的一滴糖。"多生动的生命状态，多鲜活的生活场景！"滋滋作响"是烟火人家的真实写照，开门七件事"柴米油盐酱醋茶"，哪一样都需要人用手劳作，用心经营。烟火深处，最抚凡人心，无非如此。

一个家如此，一个人的学习、工作或生活也是如此。

用力生活，让平凡如常的日子过得"冒热气儿"，甚至热气腾腾。用力生活，让繁杂细碎的日子过得"滋滋"响儿，不翻腾不休。今日复明日，明日何其多，其实蹉跎岁月的不是"明日"，而是少了"苟日新，日日新，又日新"。那些看似不起波澜的日复一日，会突然在某一天，让人看到坚持的意义。

天赋能让一个人闪闪发光，但努力也能。

所以，坦坦荡荡地努力着，大大方方地发着光，痛痛快快地做自己，有多难就有多美！

3

新年里的第一天，阳光如此灿烂，一如每一份新年祝福！年少时的同学发来席慕蓉《少年》中的诗句，我读了再读，想了又想。

请在每一朵昙花之前驻足

为那芳香暗涌

依依远去的夜晚留步

他们说生命就是周而复始

可是昙花不是　流水不是

少年在每一分秒的绽放与流动中也从来不是

文字淡淡的，温婉而纤丽，恰如一场淅淅沥沥的小雨，似远还近，似浓还淡。乍看不像祝福语！

曾经的少年之身不一定能理解这种平淡的追忆、平淡的遗憾。但现在的少年之心对生命从来不是周而复始，而是日日新鲜、天天不同的有着深切的体悟。生活有着太多的可能和希望，所以要极尽努力，成全独一无二的日子。

于是我回了同学一个片段："续年少回忆，看有无灵犀？如花似叶，岁岁年年，共占春风。"

借晏殊的十二个字诉诉衷情，我想那份海棠一般美好的情谊会在新年里持续，更会在岁月的流转中升华。

这样的祝福还有很多："慢慢即漫漫，漫漫亦灿灿。""好好生活，慢慢遇见，三餐烟火暖，四季皆安然。"

就这样，继续让祝福充满诗意且充满朝气。

在长长短短的光阴里，让我们在平凡里盛放，在日常生活中积淀，要善良，要勇敢，要像星星一样努力发光。

期待在崭新的 2024 年，每个人都生机勃勃，滋滋作响！

小年逢郑锦毅

今日小年。

一夜之间，武汉"白"了许多。

早上出门，感觉天气预报中的雪打了折扣。未经行走的街边花坛草地，镶嵌了亮晶晶的边儿。一时间，以雪为框，万物皆可入画。"冷冷的冰雨在脸上胡乱地拍……"刘德华的歌似乎很应景。

冻雨依旧，冰挂和冰花的景致更盛！

今天是周末，又逢小年。小区、街边不少的树木承受不住冻雨，断枝垮塌的不少。上午，我回学校看了看，除追光楼门口有两棵樟树被压弯了头外，其他都还正常。学校除了保安师傅之外，还有一个身着白色羽绒服的"小伙子"，他引起了我的注意。他拿着单反，在拍摄冰冻天气下的校园。"小伙子"拍得很投入，头发被冻雨淋湿了也不觉。他是谁呢？巡视完学校，我回到办公室取东西。"校长好。"有人在办公室门口和我打招呼。回头看，发现正是在校园里拍照的那个"小伙子"，看面相还是个孩子。我问："你是谁呀？"他害羞地笑笑："我是三年前毕业的六（4）班的郑锦毅。"哦，原来是我们的学生。于是我们开始攀谈。"我们班在五楼，班主任是王慧明老师。"说实话，每年有好几百名毕业生，我确实不太记得这个孩子了。但这并不重要，因为我们曾同在一个校园生活学习，有的是谈资和话题。于是我们开始谈学校及老师在他心目中的印象。

他今年上初三，没有在武汉而在襄阳选了一所私立学校。他高兴地告诉我说："校长，我现在成绩挺好的，考襄阳四中、五中没有问题。"听闻了他的现状，我很开心。谈话中，他回忆起在一小快乐的校园生活和充实的学习生活。其中有一句话让我很动容："我很喜欢我们学校。"

他说他很喜欢摄影，提议在办公室给我拍几张工作照。我拍过很多工作照，但学生给我拍照还是第一次。我愉快地答应了。他还不忘交代我说："校长，您自己随意。"于是他拍下了我接电话、查找书籍、整理办公桌的工作常态。他待人接物，落落大方，有礼有节。听保安师傅说，他给班主任王慧明老师打电话说明了进校的理由，王老师跟保安报备后，他才进的校园。

冻雨下的校园格外漂亮。他约我到校园里去拍照。对于校园我和他都很熟悉。我问他："你觉得我们在哪里拍照好啊？"他想了想说："校园门口的那一株蜡梅很漂亮，您和蜡梅合个影吧。"我们一边拍照一边聊天，聊起冻雨中蜡梅的美。他说冻雨中的任何一朵蜡梅都像一件艺术品。我说了我的理解：因为每一朵蜡梅都各美其美，所以冰冻发生的一刹那，才成全了每一朵蜡梅成为一件独一无二的艺术品。他点点头，聚精会神地连拍了好几个蜡梅的近镜头。

走在校园里，他欣喜地和我谈起校园这几年的变化。他说彩虹桥应该是低年级同学很喜欢的。报告厅门前"每个孩子都是一束光"这句话，他说他也很喜欢。我告诉他这是我的愿望和目标。于是他用相机定格了我和我憧憬的远方。

围绕摄影话题，他谈构图、光影、线条，话不太多，但自有心得而且流露出对摄影的独特见解和真心喜欢！听他说话，仿佛站在我面前的不仅仅是个摄影发烧友，更是个资深的专业人士！我看着踏着雪水在校园寻美、眼里闪光的他，想着有多少同龄的孩子奔波在培训、提升和冲刺的路上，心里五味杂陈！

真心为"郑锦毅们"高兴！学习成绩让他自信大方，兴趣爱好让他丰富美好！这样的孩子无论将来从事什么职业，工作生活都会相得益彰，他们的人生会是自己想要的人生，他们也会成为自己想要成为的样子！

可以判断，郑锦毅是努力的、上进的、优秀的，更是幸运的！

临走，他主动加了我的微信，说方便把拍的照片发给我。中午时分他便把拍下的校园美景以及我的照片悉数传给了我。我回答他："拍得真漂亮，我收藏了。"好几张照片拍出了我真实自然的样子，我想这是因为我和孩子在一起时是轻松自如的。

中午一点，他又给我发来微信："校长，我打印了两张照片放在门房送给您！"我回复他："这是我收到的最好的新年礼物。"

在手机里欣赏郑锦毅拍的照片，那张蜡梅的特写我看了许久。蜡梅因各不相同才独一无二，孩子不也是这样吗？让花成为花，让树成为树，让孩子成长为自己想要的样子，这看似简单的道理，变成现实多么可贵！

小年里逢郑锦毅，让这个小年格外不同。看看窗外，万物皆不同，更何况人呢？

感动在教育遇见

古老的天一阁，"书藏古今"，是宁波这个东方大港"港通天下"的底蕴，更是天下读书人的乌托邦。

　　　　　　　　　　　——《天一阁，读书人的乌托邦》

未尽之美，理想大抵如此

　　深圳会展中心 20 号厅，近五千人的会场，安静得连演讲者的呼吸声都清晰可辨。即使起身，也得猫着身子，轻声挪动。奋笔疾书者有之，若有所思者有之，聚精会神者有之，拍照摄像者有之，即使午间就餐也井然有序，我们戏称，这是中国教育界最有素质的一群人！台上嘉宾悉数登场，主题领域各不相同，表达方式风格各异，但相同的是对教育的滚烫情怀、深度理解和火热实践。主题报告，学校提案，学生表达，每一个板块都精心设计，用心演绎！这里代表着中国教育理论的研究高度，这里演绎着中国学校的生动行动，这里共舞着教育的理想与现实。

　　这里是第十届中国教育创新年会现场！

风从哪里来

　　问过不少来参加活动的朋友，为何来年会，甚至年年来，即使是疫情期间的线上会议也不错过，大家说法各异，初衷却有共识。大家成为几天的年会同学，一起咏叹"人啊人"，憧憬未来，一起同煮一锅石头汤，一起登山，一起振翅飞越属于自己的山。我的理解是来看风、听风，观察教育之风从哪里来，吹向哪里去。

　　风从哪里来？风从国家教育政策来。新课标如何解读，新课堂怎样实施？只有深度解读，才会落地生根。风从社会发展进步来。智能时代，教育如何育人，人机如何共同进化？因此，我们应该深刻体察孩子们在 AI 时代究竟如何长大成人，并以此作为时代背景，设计相应课程。风从教育规律来。"学习是如何发生的"成为本次学习现场热议的话题，只有回归本来，才能理解跨学科、项目式学习的内在。风从成长节律来。以学生为本，以成长为底，虽然高中、初中、小学，不同学段有不同的教育目标，但人是教育永远的中心，办学施教要找准人成长的节律，教育与人才会翩翩起舞。

我到哪里去

每个板块均设有"专家报告"和"学校提案"两个模块。每个板块的演讲者们组成一个课题组，他们在明确该课题的目标和挑战后，提出核心观点（思路），并给出关键行动，以此构成一个"目标—思路—行动"的逻辑闭环。其中我对学校提案更感兴趣，无论是私立还是公办，无论是学院派还是自由派，都有不少让人眼前一亮的精彩实践。与其说是学校提案，不如说是学校行动或案例，因为在过去的时间里，他们已经用行动验证了理论，用实践形成了样本。

北京呼家楼小学的跨学科学习课程荣获国家教学成果奖实至名归。学校构建了"发现自我、了解自然、探秘科学、解读人文、回归生活及体验社会"六个维度的项目群来让学生走向真实世界，并打通课堂、校内、校外三大场域，开展不同项目，从而形成一个有机的整体。目前我们仅停留在第二阶段，但好在找到了学习和追赶的对象。

盛泽实验小学通过重回童年的"六个 100"工程（读 100 本儿童文学作品，看 100 部儿童教育电影，做 100 个儿时生活游戏，记 100 个儿童生活场景，录 100 个儿童学习片段，办 100 场与儿童的对话），希望教师能够修炼出四大"超越力"：超越角色的共情力、超越学科的想象力、超越课堂的设计力、超越时空的学习力。如此，打通了教师和儿童的壁垒，开启了一个教育新世界。

初次登上讲台的侯明飞校长有着东北人特有的语言幽默，他从浑南九小的社会传言来破题。是体校？是艺校？是玩校？他从体艺爱好特长培养和游戏化课堂变革谈起，论证知识是学会的，能力是长出来的。课堂游戏化物化成果产品已经产生，吸引着我们迫不及待地要去 34 号展位一探究竟。

会场上高高飞扬的教育愿景、愿望及目标或令人憧憬，或发人深省：

让孩子们成长得更好，是我们最大的心愿。

激活老师和孩子们的自主性。让每一节课都上得不一样，让每一天都有新的体验。

让小学毕业生的近视率降到 10% 以下，初中毕业生的近视率降到 20% 以下，高中毕业生的近视率降到 30% 以下。

让创造成为学生的学习方式和生活方式，让每一个学生创造着长大！

开幕式上，李斌老师用"未尽之美"开启了今年的教育年会。其实，未尽之美在教育领域无处不在。教育的理想和现实之间有，理论和实践之间有，城乡的学校之间有，学校与学校之间有，班级与班级之间也有，甚至人和人之间也有。未尽是现实，是问题，更是目标和愿景。让我们一起在基础教育的创新实践和"未尽之美"中看见并创造未来。

未尽之美，理想大抵都是如此。

见儿童，向未来

——在一所儿童自然学校的所见所闻

　　重庆，是个交通极其特别的城市，"坎上坎下，穿街过巷，我在重庆等你"这句话说遍全城。教育也是它独特的领域。我来重庆两天了，看了几所学校，它们"远近高低各不同"，但深厚的教育情怀、独特的教育理解和校本表达是相同的。自古巴蜀出文宗，重视文教是时代和区域风气，学校教育堪称发达。今天下午，我来到两江新区童心青禾小学校，这所致力于建设"长在城市里的自然学校"，留给我十分别样的感觉。

　　说她别样，是因为学校的参观路线很特别，一般学校会带你去它最风光的所谓"打卡地"细数家珍，但青禾的老师带我们在这个占地 83 亩的学校边缘绕行。环绕着教学楼的菜地里，孩子种植的蔬菜应有尽有，红薯肯定不是种着玩儿的，毕竟有上百平方米的面积。我心里估计着，这里的学生不到两千人，每个孩子都应该有充分的空间和充足的时间来动手。这还不算，抬头看楼顶，绿色的植物清晰可见。接待的老师说，每幢楼上还有个空中农场，品种更多。于是我们直接从"地下"来到"天上"，发现果然如此，橘树金黄，菜叶碧绿。

　　细雨霏霏中参观校园，我发现，不管是自然栽种的植物，还是孩子们的草坪大型"手作"雕塑，就连一个小池塘也写满了孩子的过往和故事，带给我们强烈的儿童立场观。这是一所怎样的学校，有一个怎样的校长？在会议室坐定后，秦校长来了。他温文尔雅，谈吐不凡。他从一方印章开始谈教育。印章的内容是"向儿童学习"，也是校长的教育主张和办学准则，听他娓娓道来学校里发生的故事，仿佛亲身经历一样，故事的场景真实、鲜活，儿童永远在故事的中心。会议室里安安静静，大家听得格外入神。

校长说：向儿童学习

秦校长今天说得最多的是"向儿童学习"。我以为他要从陶行知先生的儿童观谈起——先生那首"小孩不小歌"虽然只有 28 个字，却深刻揭示了教育规律和儿童心理学，相信儿童、尊重儿童、理解儿童的教育思想深深影响着中国教育。但秦校长的儿童观来源于倡导"活教育"的陈鹤琴。这位中国现代儿童教育之父用一生来研究与实践教育的目的——做人，做中国人，做现代中国人。这句话放在今天仍振聋发聩，警醒教育人士。秦校长用三个故事表达他的儿童观，在捉泥鳅的故事中，照片里滚得像腌盐蛋一样的孩子们开心的笑容那样感染人。孩子们春天赏花，夏天捉泥鳅，秋天打谷子，冬天寻梅，感受四季更替，与万物为邻。这样的童趣课程，孩子们在其中体验、感悟、认识，进而保护、珍惜，这不就是对童心的热切回应吗？

老师说：这是我的学校

今天接访的老师是一位后勤老师，我想他应该是创校元老，因为对于学校的一草一木，他如数家珍，背后的故事一个接一个。他自豪地说："鸟儿给我们送来了丝绸课程，从发现桑树到种植、养蚕、拉丝，到认识丝绸，乃至了解丝绸之路、一带一路，这些都是课程中的一环。"学校一楼美育展厅大气典雅，艺术范十足，他开心地向我们介绍学校美育成果，说学校师生像过年过节一样筹备、布展、讲解。我能够感受得到他作为学校一员的那份骄傲和自豪，因为这里有大家的劳动付出，校园的一草一木都饱含情意。

路过地下体育馆——确切来说不是馆，而是个开放空间，偌大的空间可以满足学生各种运动的需要，我看到两个篮球场上正在进行比赛，孩子们龙争虎斗，奋力拼抢，啦啦队更是不遗余力，加油声此起彼伏。我发现不仅是体育老师，还有不少老师也在啦啦队中，为孩子们加油鼓劲。趁他们休息，我问一个老师："这是你的课吗？"她笑着回答："不是，这是我们年级的篮球联赛，我来给孩子们加油！"

我问接访的老师："您转一趟学校要近一个小时，累吗？"他笑着说："这是我的学校，再累也应该啊！"

不只是他，沿途遇到的老师也在用行动告诉我们："这是我的学校。"不简单！这是一所有魔法的学校。

孩子说：学校很好玩儿

站在学校门口时，我对校名产生了兴趣：为什么叫"童心青禾"？校长给了我们答案："青，茂盛而年少；禾，二月始生，八月而熟，得时其中，谓之禾也，通'和'；青禾，五谷之始，象征年轻生命，充满稚气和活力，充满光明和希望，生机勃勃。"今天在学校参观，没有机会和孩子更多地对话，进一步地对话，但我拍下一年级孩子在"父亲"主题展板前认真观画的一幕时，知道他们是愉快的、是自主的；看到班级篮球比赛中生龙活虎的孩子们时，知道他们是充满生命活力的。从学校树下挂着的各种鸟儿的图片中，我可以想象孩子们每天怎样进行发现探索，他们是快乐的，更是欣喜的。再看看泥塑馆里那些充满灵气的可爱小人们，它们应该就是孩子们在学校生活的样子……

每个人心中都住着一个儿童，那是最善良、最纯真的自己。成人是长大的儿童。在青禾，校长和老师们深谙此理，向现实中的儿童学习，儿童的天真和勇于探索的精神成为成人向儿童学习的源泉。

临行前，翻开学校画册，建校时的《童心宣言》里面的一段话吸引了我：

当六年以后，十二年以后，或者更远的岁月，有人问起我们当年的学生：

"你热爱自然是谁滋养的？""童心小学！"

"你身心健康是谁培育的？""童心小学！"

160

"你做事认真是谁教养的？""童心小学！"

"你富有爱心是谁感染的？""童心小学！"

多么迷人的教育愿景和向往啊，这不仅是青禾的初衷，更是所有教育人的心之所向和身之所至！

一间教室到底能承载什么？一切皆有可能

平常走进一所学校参观，我们会看什么或者说学校会为我们提供什么？一般说来，会看校园空间文化、师生活动展示、学校独特的设计等等，这些似乎成了不成文的规定和标配。但我们经常会忽视学校师生生活的重要空间——教室，我们大多从走廊一闪而过，偶尔站在门口的班级展示栏前看上几眼或将头伸进窗户看看室内环境，仅此而已！

我查了网上对教室的定义：它是一间前面是讲台，后面是座位的大房间，是老师讲课和布置作业的地方。我哑然失笑。回头看看我书柜里的书——《第56号教室的奇迹》《创造一间幸福教室》《教室里的课程》《在教室说错了没关系》《在教室吵架了没关系》《教室里的新教育戏剧》……这些书名证实，教室已然成为教育发生的中心。我们对教室的功能和意义缺少基本的再认识和再定义！

十几年前读雷夫老师的《第56号教室的奇迹》，我感叹教室是个多么令人向往的教育世界，尽管这里雨天偶尔漏雨；李虹霞老师建设的那间幸福教室里传来的读书声、辩论声似乎还在耳边；而"在教室里做什么都没关系"系列图书，让人无不感到教室里自由和宽松的味道。

深圳市红岭实验小学有两个显著的标签。一是校园建筑获国际大奖，是个名副其实的"网红学校"。因地制宜和最大可能地巧用空间，满足儿童的学习活动和生活需要，成就了她独特的校园气质，这个只可远观欣赏。二是学校有丰富的课程文化。走进校园后，校长热情地带我们参观校园——地下层功能区，

162

一楼活动区，大家流连忘返。

　　终于上了二楼，我们走进一年级一间普通又不普通的教室。说它普通是因为它只有教室的基础配置。说它不普通是因为教室的六面墙（学校的每间教室都是六边形）展示了孩子们一个学期以来课程学习和探索的过程和结果，从天到地，从门到窗，甚至老师的办公桌立面都被"占领"，这气势用"铺天盖地"来形容一点也不为过。一年级小朋友这个学期科学课选择的跨学科主题是"我们的身体"，从教室后面的巨型作品展可以窥见孩子们的分组及研究探索过程，"器官的分类""我的发现""五感认识事物""器官的功能""身体器官日记"等主题下贴满了孩子们图文并茂的作品，教室里还放置了人体血管系统示意图、人体消化系统示意图、心脏示意图等，俨然一个人体器官学习中心。在这里，想象、观察、讨论、分享随时可以发生，且自然而然地发生。

　　翻开孩子的成长档案，我发现了一个秘密——这不是一般意义上的成长档案，而是一个记录孩子课程经历和成长的档案。在一年级上学期的"校园"主题单元里，每个孩子参与的"我心中的升旗仪式""我和祖国共成长""我就是我""我眼中的图书馆""保安叔叔变装记""我眼中的校长妈妈""设计校园路线图""梦想运动场设计师"等项目或活动多达十三次。今天我们总说幼小衔接的重要性，其实不难发现要平稳地实现人生的这一次重大过渡，就要以课程的方式让孩子"卷"入学校生活中，全身心沉浸式地感知和认识这个陌生的空间以及空间里的同学、老师、保安，让他们体验升旗仪式、课间操等各种活动。

　　走过二年级的植物主题教室、三年级的交友主题教室和五年级的成长主题教室，孩子们的课程成果不断带来惊喜，尤其是三年级交友主题的一个活动"没有朋友的一天"中，叶思遥同学的心路历程真切而生动。

　　　　早上，我来到学校本来很开心，但是第一节课老师说不能和最好的朋友玩儿。同学们一听，有的开心，有的伤心，还有的面无表情。活动开始后，我们每个人都后悔了。而我呢，就是失魂落魄、坐立不安和六神无主。我最好的朋友，我同他话都不能说，玩儿也不能玩儿，我甚至看都不能看他了，唉，孤独的我啊！

好不容易结束了，我和最好的朋友唱了一首歌，我们一起唱啊唱，唱啊唱，一起欢呼！

正如藏秀霞校长所说，孩子们只有通过与自然、社会和自我的真实互动才能形成对世界的深刻理解，进而适应复杂多变的世界，开创美好的未来。这就是红岭小学独特而生动的课程观。

一间教室谁是主人？答案好像不言而喻。但走进教室，我们能找到主人的气息和样子吗？里面有他们活动过的痕迹吗？在这里的教室，我们看到了名称各异的班级志愿服务岗，比如"语文总监""桌椅小管家""路队小司令""乐器管理员""防疫队长""灯光管理员"等，每个孩子都在学校生活中承担责任，履行义务，并接受大家的评价；我们还看到班级有自己的吉尼斯纪录榜，上榜的是"跳绳之花""足球小王子""浪里白条""绘画大师"等，孩子们给自己取了很多引以为傲的名号。由着这些所见，我们可以推测和想象班级文化的蓬勃向上和孩子们的龙腾虎跃……

暑假，孩子回家了，学校很安静，可在教室里我们分明听到了孩子们拔节生长的声音。

一间教室到底能承载什么？我的参访感受是一切皆有可能！

天一阁，读书人的乌托邦

因宁波有个国家教育行政学院组织的校长研修班，我被市局推荐参加班上的校长论坛发言，于是就有了一天两城的特殊经历。

对于宁波，我印象深刻的是 2008 年的日全食。我们刚进宁波，日全食开始了，全城灯火通明，亮如白昼。校长们笑称，阿拉宁波欢迎侬！这座城留给了我热情和好客的第一印象。利用论坛开始前的三个小时，我来到了天一阁，这个天下读书人都应该去的地方。

此时是上午九点，街道冷清且干净。天一阁门前参观者稀少，入园没有拥挤之感。第一次来此地的印象已经模糊，只记得大多数的古建筑是新修、翻造或扩展的。想想也是，木结构的老房子，不经过维修，历经 500 年还能完整保留吗？但几百年来完整延续了下来的是宁波人崇尚读书、藏书、著书的学风和文脉。央视的城市广告"书藏古今"让天一阁成为宁波的城市名片。进入大门，就遇见一个只有四五个人的团队，花白头发的女讲解员正轻声细语地介绍，她黄色马夹后的几个字让我肃然起敬——"天一阁文博志愿者"。于是我加入团队，听她娓娓道来天一阁的前世今生。范钦，这个著名的宁波人酷爱藏书，在各地为官时收书不少，于是建造了藏书楼。他所创立的"以水制火，火不入阁。代不分书，书不出阁。芸香辟蠹，曝书去湿"之法让藏书楼"历年二百书无恙，天下储藏独此家"。乾隆皇帝修《四库全书》，建皇家书馆时，也诚意满满地学习仿制，可见天一阁当年的建造水准和收藏影响！天一阁内幽静雅致，有浓浓的书卷氤氲之气，更有江南庭院深深之韵。游客稀少，我裹紧了薄风衣仍感寒意，但跟着团队，在志愿讲解员的叙述中穿古越今，缓缓地在亭台楼阁、秀水灵山、花丛画廊中迈步，接纳来自历史远处的声音；踏着王阳明、黄宗羲、沙孟海等先贤走过的脚印，沐浴着书林的馨香，实在也是一种欣喜满足的享受。

终于来到天一阁前，这是一座只有三层六开间的木质建筑。造型极其简约，深灰色的阁楼前后一致，大开间，大开窗，满足通风干燥这个藏书的基本条件。"天一阁"三个大字来自易经"天一生水"，门前有庭院水池假山廊亭，仔细辨认有福禄寿的造景和意韵。我更关注池中自由的游鱼，听讲解员说，天一阁所有水系都是活水。啊，这正体现着建造者"以水制火"的理念。此活水不还有"天下典籍"的源头活水之意吗？汇天下藏书，聚文化源流，不管当年范钦有无此意，我意会到了。"此水乃玄妙之水也！"这是个古迹，更是个奇迹。范家十三代人用整个宗族的性命和力量守住了文化之根，保住了血脉之魂。我们经常说中华文化五千年源远流长从未间断，其中民间的传承功不可没。我对讲解员说，范家做了一件功德无量的事！她回答，是的，值得所有读书人敬仰！

代不分书，书不出阁，这在今天看来难以想象。藏书是范家的家族使命，更是一代代以范家为代表的藏书人和读书人的文化理想。生生不息，从未断流的中华文化，是多少代人鞠躬尽瘁维系的！人生，为一大事来，做一大事去。范家及天一阁，必将彪炳千年，受万世敬仰！

园内一个展厅的结语让我感慨万千，唏嘘不已——"四百年来，这座民间藏书阁的藏品，有的是历经万水千山、耗尽半生心血搜集的珍贵文物，有的是代代艰难传承、年年精心呵护的传家之宝，如今，它们联袂而至，相聚古阁，百川归海。它们曾经跌宕起伏、颠沛流离的命运最终沉淀在天一阁温柔美好的岁月里，与阁中五百年的原藏古籍一起，相互辉映，纸醉书迷。"好一个纸醉书迷的世界！是啊，古老的天一阁，"书藏古今"，是宁波这个东方大港"港通天下"的底蕴，更是天下读书人的乌托邦。

要回培训场地准备发言了。我依依不舍地从园里离开，那句话在耳旁久久萦绕：这是一座城的书，更是一座书的城。

匆匆一面。宁波，我还会再来看侬！

他们是武汉高素质教师队伍的样子

——观武汉市第二十三届职业技能大赛暨第十八届教师五项技能大赛现场展示有感

　　现场抽题—限时准备—直播答辩—展示才艺—专家评审和大众评审现场打分—隔位报分，这是正在进行的武汉市第二十三届职业技能大赛暨第十八届教师五项技能大赛现场展示的全部流程。比赛程序之严格、流程之公开、现场之隆重、影响之广泛，对于任何人来说都是一次极大的考验和挑战。大赛要求在十分钟内完成校长推介、选手答题、现场应答、展示才艺等项目，涉及面广，内容丰富。这对于选手的综合素养是一次全方位测评，远比纸笔测试来得更真切、更深入、更鲜活。

　　气质温婉的李菲老师过五关斩六将，历经四个月，从区赛走到了市决赛的现场，是何其不容易。从近300人的市级初赛进入50强就已经人仰马翻，这场现场比赛更是硝烟四起，群雄逐鹿。我参与了从前天彩排到昨天下午比赛结束的全过程，感触良多。武汉作为教育高地，到了展示教育实力的时候，这一批优秀老师的情怀、格局、专业、才情，足以为武汉高素质教师队伍代言，更是践行习近平总书记提出的"弘扬教育家精神，锤炼教师队伍"的具体成果。现场看了近一半选手的表现，再加上有感于我们备赛的历程，我梳理了此次活动的意义和价值，对于教育认知、课程课堂、教师素养、教育智慧、学校发展等，有很多的学习、思考和借鉴。

厚积薄发是参赛教师的"基本面"

从现场的信息来看，选手的教龄基本在 10 年以上，都经历了长期的教育学习、研究、实践和思考，否则是难以应答随机抽取的题目的。题目的知识面很宽且很难，我印象深刻的一道题是："你认为实施素质教育与发展素质教育有什么不同？"我心里一愣，这是关于国家教育方针和政策方面的问题，一线教师能有这方面的学习和思考吗？"你认为学科教学与思政课之间有什么关系？"这是关于落实立德树人的根本任务的问题，是个需要将理论与实践紧密结合的好问题。当然也有情境化的问题："如果班上出现了游戏上瘾的学生，你怎么办？"这种实操方面的问题，也不简单，选手要首先分析这种现象出现的原因，再根据原因"对症出方""看方下药"。也就是说所有的问题几乎都要求选手在教育学、心理学、儿童理解与立场、国家政策理解、课程与教学等方面有深厚的积淀和充分的准备。我想起那个著名的关于历史教师的教育故事：他用四十分钟上了一节课，但他说自己用了一生在准备这节课。选手们何尝不是呢？我们的李老师有二十多年的教龄，但从备赛开始她几乎每天都在"疯狂"地汲取，听讲座、啃专著、写案例，她笑着说，过了一个暑假感觉自己已"脱胎换骨"！是啊，学然后知不足，知不足而后学，学习就这样形成了一个良性的循环，这也是教师专业发展最好的路径。我想不只是李老师，每一位参赛的老师都会经历这种"浴火重生""凤凰涅槃"的过程。不断地刷新、打破、重构的过程，是痛苦的也是欢欣的。

不管是"厚积才会有薄发"还是"机会总是留给有准备的人"，表达的都是成长需要积淀。

综合素养是参赛教师的"金刚钻"

教师拥有较高的综合素养对学生成长的影响力是巨大的。现场我们看到了体育老师毛笔字写得了得；英语老师能为国际赛事提供同声传译，还能用十国语言来表达"我爱武汉";语文老师的口头表达是一流的，但她还能唱得有模有样：这些是综合素养优良的表现。但我以为，这次比赛中的五育并举学科融合的综合素养展示案例更胜一筹。

一位美术老师从美术学科里发现了科学元素——科学家达尔文，于是她和孩子们一起了解时代背景，创作了新雅典学院的画作，令人耳目一新。一位英语老师设计了"如果武汉申办下一届亚运会，你会怎样写向各国朋友介绍武汉的导游词"的活动。李菲老师是个很有数学思想的老师，正如我在推荐词里所说的："她气质温婉，数学课堂春风化雨；她学养扎实，文化浸润自然天成；她因学论教，孩子永远在课堂中央；她的学生有开阔的数学视野——《九章算术》、祖冲之、割圆术等在课堂出现；她的学生有积极的数学思维，数学绘本《会动的小数点》在《小学生天地》连载，甚至有学生把数学作为自己的大学专业来攻读。"面对这样的老师，我们怎样为她设计才艺展示呢？团队通过多次讨论，推翻，再建，重组，在比赛前三天找到了主题和逻辑线索：当数学遇见诗词会碰撞出怎样的火花？分别从诗歌的数字美、图形美、夸张美三个方面引用经典古诗，深挖看似风马牛不相及的诗词与数学的关系，从而发现诗词的美感在很大程度上要归功于数学之美。数字美、图形美、夸张美，还有诗词中的中华文化和民族精神生生不息，代代相传。中间穿插着朗诵和黄梅戏歌，尤其是我们原创的黄梅戏歌《咏梅》经多才多艺的李老师一唱，便吸引了大家。李老师嗓音甜美，戏腔十足，大众评审团几乎全部举牌，她的展示成为当天真正的"压轴好戏"。我在想，我们的创意是建立在"数学是学习和育人的载体"这一认知基础之上的，所以学习的材料可以"弱水三千，只取一瓢饮"。取哪一瓢饮？课程资源就俯拾皆是了。所以数学不仅可以和诗词，还可以和美术、和音乐发生更为奇妙的反应。这也正是新课标中倡导的跨学科学习的校本化实施。

观念一变天地宽。有了"金刚钻"，勇揽"瓷器活"。老师的"金刚钻"要始终以育人为目的，要紧紧围绕课程育人、活动育人、管理育人来变。

团队文化是参赛教师的大本营

50位进入决赛的选手，每个人背后都有一个团队在默默支持。集思广益、众志成城的团结精神自不必说，因为从学校领导到陪同老师，无论是专业支持还是后勤服务，都算得上"金牌后援团"。我们有过之而无不及，建了一个叫"金点子"的群，群里几乎天天讨论得热火朝天。但这次我们分明通过一个人看出了一个团队甚至是一个学校的差异，甚至看出了差距。这主要表现在以专业水平为核心的团队文化方面。

第一个表现是学校对于一个好老师的认知有差异。有的校长找准了老师的几大教育教学特点，有理有据，让人信服；有的校长从场景入手，教师特点一目了然；有的校长从教师的工作和生活细节开始，缓缓推开。但也有一些校长只讲教师获奖无数，只讲教师成绩显著，对老师的特点却把握不准；甚至还有一些校长只会讲大而空的"操行话语"，因此难以很好地推介教师的特点或长处，专业发现做得不够好，没有达到吸引评委和观众的目的。

第二个表现是学校对于新课标的理解和实施有差距。从选手的答辩看，很多学校对课程的理解和开发、对教学方式的变革、对育人方式的转变、对家校协同育人的探索有思想，有思路，更有行动。如一所学校的毕业课程让人难以忘记：老师开启了六年前孩子们入校时封存的希望瓶，孩子们呈现出欣喜的笑脸、嫌弃的表情、夸张的动作，这时教育已经发生了。长大不就是看到过去的自己时心中五味杂陈吗？一位生物老师对于教学方式的变革让人难忘：高中生物学习的知识点只能用在高考试卷上吗？老师利用自己的武大毕业生身份带学生进入实验室参观并参与实验操作，找来最前沿的研究印证伟大的成果也出自基础理论和观点。学习与生活、与未来直接对话，知识和学习就会鲜活起来。同时，我们也从选手的回答或展示的PPT里看到了保守的做法或措施。

今天再来谈团队文化，我们更需要有专业视野和专业品质，站在前沿角度看教育，站在教育角度看学生，站在学生的立场上寻找新路径。在"每个人都在团队中"的共识已经形成的今天，我们看待教师发展问题要有更宏大的视野：

教师发展的核心是专业发展，离开专业发展谈教师发展无异于是无源之水，无本之木。

一场龙争虎斗的比赛，名次早已不重要。大家一起经历、研究、打磨、展示，经历"乱花渐欲迷人眼"的困惑期、"伸手不见五指"的迷茫期、"公说公有理婆说婆有理"的摇摆期，还有"路转溪头忽见"的豁然开朗期，这才是参加比赛的真正目的。只有经历了才能成长，因为要成长必须经历。

"我从来没有长大，但我从来没有停止过成长。"多么迷人的一句话！

很荣幸，我看到了一群优秀的教师，他们是武汉高素质教师队伍的代表。

最是橙黄橘绿时

三天的古城之行，正逢秋意盎然之时。

古城襄阳满街瓜果飘香，落叶纷飞，这是一年中最美的季节，也是湖北小语教学教研收获的季节。两年一次的全省小学语文青年教师优质课比赛，为参会的两千余名教师描绘了一幅幅灵动的、流光溢彩的秋景图！

回到学校，我像老牛一样"反刍"着，十一节课在我的脑海里不断浮现，容我细细品味、慢慢咀嚼。我整理思绪，整理收获，一时形成了以下文字，一家之言，权当抛砖引玉。

一、理念决定课堂的高低

"会当凌绝顶，一览众山小。"理念决定行为。纵观十一节课，它们无一不有各自的语文教学理念作为理论支撑或指导。十一节课中，让人眼前一亮并在教学中发挥充分作用的理念，有以下几种：

1. 古诗教学的情景交融

《枫桥夜泊》是本次比赛中唯一的一节古诗教学课。这节课的特色在于：人物合一，抓链接；立足环境，想意境；立足意境，猜心事。一节课，情景交融，师生交融，古今交融，意境悠悠。对于文章形式及特点的充分把握，让这节课在整场比赛中格外光彩夺目，成为公认的一等奖好课。

2. 情动而辞发，辞发源自心动

《被袋里装的是什么》一课让我印象深刻。由于工作的原因，近二十年来，我听到过不少好课，但让我流泪的课不多。这节课不一样，我和台上的四十个孩子、台下的几百名老师一起哽咽、流泪、抽泣。在残酷的战争面前，令人动容的不是流血牺牲，而是亲人之间无尽的、真切的牵挂和期盼。那一封封家书让人唏嘘不已，让人强烈地感受到了亲情的力量。语言文字背后蕴藏的波涛起伏的情感，让我们做老师的都难以忘怀，更何况这些情感更丰富的孩子呢？因此，他们声情并茂地朗读，设身处地地思考，声音哽咽地说自己的感受。

3. 以读代讲

这不是一种新提法，但在低段童话寓言的教学中得到了淋漓尽致的展现。教学《酸的和甜的》和《小柳树和小枣树》时，教师没有细碎地讲解，而是让孩子们读、议、演、评，在朗读中、在表演中、在点评中，孩子们把握到了狐狸"吃不到葡萄说葡萄酸"的心态，感受到了小猴子敢于尝试的精神。尊重孩子的年龄特点，把握年段特点，从学情出发，是不会错的。

4. 人文性和工具性的交融

十一节课都有效地体现了这一基本特点。其中写字的指导，低段有动笔写，高段也有书空或看教师板书的环节。教师将"弯"字的教学编成了一首儿歌，从字形上渗透人文性。师：你看弓字弯弯的，有哪些事物是弯弯的？生：月儿弯弯，眉毛弯弯，小河弯弯，山路弯弯……"弯弯"的意境，在组词中得以营造。另外，在词语训练中、在重点语段的理解上、在主要内容的概括上，都有细节的设计，做到了工具性和人文性的有效统一。

二、设计决定课堂的优劣

凡事预则立，不预则废。科学、充分的预设体现了教师的教材解读和整体把握能力，体现了团队灵活运用教学理念、教学方式以及创造性开展教学的水平。

1. 抓住文眼

《老人与海鸥》抓住关爱和依恋去认识老人和海鸥；《枫桥夜泊》抓住了愁，

悟出了情，读出了境；《被袋里装的是什么》抓住"信"在烽火连天的战场和远隔万里的家之间的传递，体会、品味着人间真情、大爱；《慈母情深》抓住感受母亲的弱小而坚强，平凡而伟大。因此，教学设计一定要有一个鲜明的主题，中心明确，这样不仅教者明确，学者也不糊涂。

2．紧扣细节

大处着眼，但一定要小处着手。设计中许多的细节无声地告诉我们教师的教学理念，让人受益多多。下面从一案例中反思细节的重要性。高段语文的第二课时，一般都有这样一个环节：读一读课文，看文中讲了一件什么事。学生读完，教师会反馈一两个学生的情况，视情况归纳两人的回答，形成一个较全面的答案。而《被袋里装的是什么》一课中，教师的设计细腻而扎实。（1）请一生或两生回答后，教师及时归纳概括主要内容的方法：抓住事情发展的起因、经过、结果，就能够准确地概括主要内容。（2）全班同学同桌间或前后桌间运用这种方法说说文章的主要内容。（3）再请一两个字生检查。在这个细节中有学生的总结、教师的提炼，更可贵的是教师并未到此为止，而是由点及面，不仅教给学生读书的方法，而且让所有学生参与到语言的训练之中，提高教学质量。如何关注全体学生的问题在这一细节中得到充分的体现。由此，我想：如果我们的每一节课，教师都能在这样的理念之下开展教学，那我们学生的语文能力想不提高都难！因此，通过大赛不仅要看方向，更要学操作、学细节。

三、素质决定课堂的成败

作为承载母语教育的学科，语文对科任教师的自身素质要求很高，语文老师的一口话、一笔字、一种表达，都会对一节课的成与败产生重要影响。

1．一口话

《枫桥夜泊》教者一开始并不显山露水，但他声情并茂、富有磁性的男中音将评委及在场的学生带到了千年前那个孤寂的夜晚，全场报以热烈的掌声。这掌声是对教师过硬基本功的肯定和赞赏，也为这节课的成功奠定了坚实的基础。相反，如果一位教师的教学中不断出现浓郁的方言，那么对其素质的评价就会大打折扣。

2. 一笔字

一节课，教师的板书十分有限，但它仍不失为教师素质的重要评价指标。有的老师运笔讲究，字形漂亮；而有的老师则马马虎虎，随手写来。正所谓字是人的第二张脸，当老师的一定要"修养"好这张无形的脸。

3. 一种表达

语文教师不仅要有良好的语言表达能力，更要做到不羞于乃至善于表达自己的喜怒哀乐，用自己的真情实感去打动每一个学生。十一节课中，教师生动形象的语言、抑扬顿挫的语调，在课堂上生成了一个巨大的情感场！这样，师生情感交融，他们没有感到教师在"教"，而是和自己在经历情感的共鸣。执教《为中华之崛起而读书》的谢老师满怀深情，和孩子们一起去感受旧中国人民的水深火热、旧中国的贫穷落后，以激发学生的报国情绪，让学生体会周恩来为中华之崛起而读书的内心感受……

四、学习决定课堂的远近

一节课，到底能走多远，在很大程度上取决于教师学习或积淀的深度、广度和宽度。一位历史老师的话让我至今难以忘记："可以说我是用半小时备的课，也可以说我是用一生在备这节课。"这是一句意味深长的话，可以让我们品味一生。执教《枫桥夜泊》的教师对襄阳名人的全面深入了解、对苏州城人文环境的考察、对古诗文的深切体悟，将这节课置于一个浩大的诗文背景之中，开课时一首"旅客三秋至，层城四望开。楚山横地出，江水接天回"让土生土长的襄阳孩子对熟悉的家乡有了诗意的感觉，课也在浓郁的诗文氛围中拉开了序幕。再看课中，对"客""霜满天"的链接解读，让学生对诗文有了思接千载的感悟。课毕，学生在悠远的古乐声中回味着那清冷的夜晚、孤寂的诗人、无尽的思绪……学生对这一节课内容的学习、教师对诗歌意境的体悟，决定了这节课能够在学生的眼里、心里走得较远！

身虽至，心神往

——云南访学印象

一

那里天空澄明，蓝天白云仿佛触手可及；那里物产奇特，每种特产都有着非比寻常的身世；那里风俗多样，不足百里便要改换称呼；那里景色奇异，高原、雪山、草甸、森林齐聚一方。那里有着太多让人神往的地方，如四季如春的昆明、柔软如水的丽江、蝴蝶泉边的大理、仙山圣地香格里拉……那里的名字叫云南。

带着无尽的向往，终于，我踏上了这块神奇的土地。

飞机进入云南境内，一下子明亮了许多，大团大团的白云组成了浩瀚的云海，祥云笼罩，这是块福地！难怪汉武帝都惊叹道："我的疆域居然会有如此世外桃源。"清澈、芳香、多彩，这块土地充满着奇妙！

天气多变，是昆明留给我的第一印象。进入中华小学时，天空的晴朗已被风吹得无影无踪，阴沉了许多，风吹在人身上，怎一个冷字了得！雨下得那个痛快啊，气温急剧下降。身着短袖的我瑟瑟发抖，再看同行的老师，也是紧抱肩膀，大家相视一笑：这是昆明给我们的见面礼！不到一个小时，雨就停了。

我走出教室，踏在积满水的坑坑洼洼中，深深地吸上一口清新的空气，那感觉怎一个"爽"字了得！等抬起头来，在这省城最繁华地段的"麻雀学校"之上，纯净的蓝天白云让人怦然心动。国旗就在这明澈的天空之下飘扬，一切都是那样清新自然，令人流连。雨后的叶片格外鲜嫩，带着水珠的花十分娇艳，一阵风吹来，校门口那条长长的葡萄架下落下点点滴滴的雨水，仿佛在告诉我们，这里的清新是大自然的眷顾。

雨水给了这个城市独特的魅力。

已经是下午六点多钟，可雨后的昆明却如武汉的下午三四点钟，阳光明媚，恍若昨天。

当地人告诉我们，云南所有的学校作息时间和我们不太一样，早上九点上学，下午六点多才放学。所以入乡随俗，我们的工作交流继续进行！

说实话，作为省城的学校，有"省实验小学"名号的中华小学在当地算一所好学校了，但在硬件设备、师资配备甚至办学理念等方面，它和武汉同类学校比还是差了很多。但那里的孩子给我留下了深刻的印象。去过的三个班上，以学生为主要发言人的办学成果介绍让我赞叹，学生多才多艺、全面发展是学校最大的亮点。

漂亮的一笔字是全班的特色，参加电影、电视节目演出的孩子几乎每班都有，参加全国各类比赛并获殊荣是好多孩子最大的骄傲，能说会道是孩子们共有的特长。随便和一个孩子聊天，他居然可以和我们侃侃而谈，从学校到班级，如数家珍，这不由得让人赞叹。

让我难忘的是那个教室左上角的老师办公区和班级图书角，布置得各有特色。再加上绿色植物的点缀，不仅实用，还很养眼！

我按下快门，留下这个学校带给我的不一样的东西！

二

今天要前往云南师范大学，因为昨天听了当地老师的介绍后，我心生太多的向往。

今天的云南师大，就是当年如雷贯耳、大名鼎鼎的国立西南联合大学。这所由北京大学、清华大学、南开大学组成的大学，会集了一批著名的专家、学者，师资雄厚，人才济济。他们在极其艰苦的条件下，坚持严谨的治学态度，树立优良学风，创办了当时中国规模最大的高等学府。在那个兵荒马乱的年代，这里居住过多少在中国历史上留名的作家、文学家、科学家，他们在这偏僻的山间居所，吟诗作赋，潜心研究。战火纷飞的年代，这里保存着中国教育、文化、科学、艺术的一息根脉。杨振宁、李政道、梁思成、林徽因、金岳霖、朱自清、费孝通等大家都在这里工作、学习、生活过。

今天，我要踏进这所蜚声中外的学府，感受先哲遗留的气息。

不愧是名流辈出之地，今天做报告的教授也系出名门，是北师大著名教育心理学教授林崇德先生的第一位博士后。他的报告思想鲜明，引人深思。

关心学生的心理健康，是教师的职责。但有多少人关心过教师这个群体的心理健康？长期的超负荷工作、过重的工作压力、相对窘迫的经济状况、有待提高的社会地位，让教师在不同程度上有了各种心理问题乃至心理疾病。教师不良情绪的蓄积，造成了一系列的连锁问题——个人工作、生活质量不高，家庭气氛不和谐，甚至对社会造成了不良影响。

对照教授的标准，我们课下议论："一语惊醒梦中人。我们都或多或少地存在着心理问题或疾病。当然这并不可怕，重要的是自己要学会调适自己，悦纳自己，宽容他人。"

感叹为师者，自身健康，于人于己同样重要。

参观校园，令人遗憾的是当年大家们遗留下的生活、工作物品太少，太多现代化的建筑充斥双眼。不过脚踏这块土地，只求心灵相通，在时空穿越中感受触摸。

这里，无须接触，但求神交！

畅想儿童立场之"谷粒成长"

——与成尚荣先生对话

"成尚荣先生明天下午有两个小时的时间和部分校长座谈，您有时间吗？"晓辉院长发来微信。我秒回："当然有！"于是，我带着朝圣的心情走进先生的报告现场。

六百多人的新教师入职培训第一课由成先生主讲，体现了高开高走的培训标准和期许。《怎样做一名新时代背景下的大先生》主题宏大，但指向明确，一语中的。先生围绕"新时代"和"大先生"两个关键词，生动阐释了如何做的问题。站在报告台上的先生身板笔直，鹤发童颜，精神矍铄，他全程脱稿地引经据典，且声如洪钟，让人不由得感叹：思想盛宴，教育脱口秀！

我和十小王凌校长、十六小刘考申校长、十八小张晓琴校长慕名而来，赢得和先生面对面交流的机会。坐定，寒暄："成所长、成教授、成老师，您更愿意我们怎么称呼您？""叫我成老师吧，我也做了一辈子老师。"大家会心一笑！

我们从今年的国家基础教育教学成果奖谈起，当他了解到湖北的获奖项目只有个位数时，他说："江苏有五十多项获奖呢。选好方向，坚持实践，教育管理部门要注重培育，提供良好的土壤和环境。获奖不是目的，关键是要形成良好的教育研究生态和促进学校优质发展！"

校长不多，我们一个一个地谈现状，说困惑，先生听得很认真，不时打断，点拨提炼："刘校长，你这个项目可以叫——听孩子说之儿童访谈案例研究。"

考申一听，眉开眼笑。王凌校长谈到学校课题时，先生直言不讳："这个课题太普通，可以锁定复杂问题的解决，围绕问题的分类、内容及策略进行。"晓琴校长很关注新校教师的发展问题，先生说："教师的专业发展在课堂，上好课是专业硬功夫。"聆听这位八十二岁的老人谈教育思想，谈儿童立场，感受他的睿智和风趣，我不由得心生敬佩——研究者、思考者、实践者永远青春。

轮到我了，我简要地介绍了学校情况，重点阐述了"光耀每一个儿童"的办学愿景及"中国心，健美身，聪明脑，灵巧手和全球眼"的五维育人目标。先生打断我说："'光耀每一个'多好啊，有教育温度和气韵！可以再思考。学校只有儿童吗？如何关照教师？能不能只要这五个字，给学校、给教育留下空间和遐想！"这与我三年前和华东师大的胡耀宗教授讨论过多次的话题不谋而合——是"光耀每一个人"，还是"光耀每一个儿童"？前者关照到了学校的师生，后者关照到了我们的教育对象。经过艰难的思考，我们还是决定把教育对象——儿童放进我们的办学愿景之中。初心是教师发展学校、发展学生的理念。先生提出"光耀每一个"，我们可以由此开展新一轮的学习研究和讨论。

我继续汇报学校"谷粒成长课程"的架构。他问为什么叫"谷粒"，我说有三层意思：一是每个孩子都像谷粒一样，是一颗颗种子，在学校的土壤里破土生根，长枝生叶，开花结籽；二是取光谷的"谷"字，有地域特色；三是取"鼓励"的谐音，喻示孩子的成长需要鼓励、需要赏识、需要掌声。听到这儿，先生问我："今天我讲了一个中国麦田的概念，你可以拿去用啊，中国麦田，谷粒成长，多好！"我点点头！

时间过得真快，一晃下午6:30了。先生下午7:00要赶回南京，于是我起身告辞，对先生说今天受教了，我的收获最大。他笑着对我说："中国麦田，谷粒成长，你今天讲得最好！"

临走，我拿出已经泛黄的先生专著《儿童立场》，请他题个字。他提笔欣然写下"王萍校长，光耀每一个，让谷粒成长"。这是先生的期许，更是我们努力的方向！

诗人校长——柳袁照印象

记不清从什么时候开始知道并关注他和他的学校了。但我们初相见时，犹如神交已久，一见如故。"诗人""诗性教育""最中国的校园"，听了这些词，没有人不对这个大名鼎鼎的校长生出许多好奇。坐定，沏茶，漫无边际地"聊天"，宽松，自在，充满松弛感，谈论的是烟火世间百态，表达的却是价值、操守、人性及情怀。

他满足了我对一个校长的所有期待。

造一所心仪的校园。这个园子是自然的园子，更是心灵的园子。园中有院，院中有亭，亭外有树，树上见月，树下见童，不亦快哉！人的一生，生养休息能有一个物质和精神的园子，是多少人心中的奢想。师生有了这样一个园子，精神才算真正有了着落。我无数次地想象过生活工作在这样的院落里——回廊曲径，粉墙黛瓦，一草一木，皆是风景。这才是中国的校园，教育的园子！建一所诗意的学校。学校可以很大，上下五千年，诗文源远流长，取之不尽，用之不竭；学校也可以很小，在声色形并茂、情景意交融的校园中诗意地学习、工作、生活。"生命充满劳绩，但还要诗意地栖息在这块土地上"，海德格尔的这句话给人以无限遐想，显得格外珍贵。快节奏的时代，高效率的教育，师生被迫或主动地向前，诗意似乎与我们的生活渐行渐远。回看学校师生现状，我们多么需要良善和纯真与人心相伴。只有自在和谐地与大自然相处，才能唤醒人内心最纯真的诗意和自由。

他满足了我对江南才子的所有想象。

质朴儒雅，温润如玉，语调不急不缓，娓娓道来。他谈学校发展，要向高处行，对标名校，正所谓"求其上得其中，求其中得其下"；他谈教育思想，古今中外先人圣贤，经人类历史沉淀的是精华，只有把学校思想扎根于古今中外的思想沃土中，学校这棵大树才会根深叶茂；他谈教育规律，教学之道，知行合一，教学相长，凡事大道至简，万物归一。听着听着，我在思考，"听君一席话，胜读十年书"的本意是什么？不仅是指说的那些话很重要，而且是指那些话给予对方的点化、开解和顿悟胜于书中的知识和内容，或许还会令人享受终身，受益无穷……

他满足了我对一位诗人的所有迷恋。

诗人是一种怎样的存在？我从未想过！但书越读越沉浸，我浮想联翩，难以自拔！敏感的触动，轻柔的打动，怦然的心动，文字的崇山峻岭里百花盛开，思想的千里原野上有风轻吟。读中师的三年，下雨天的晚自习，我总躲在"小书店"韩老师家看书听雨。当年席慕蓉的《七里香》、汪国真的诗集很受追捧，我虽然买过几本，却不是太喜欢。我独爱词，喜欢李煜的"问君能有几多愁，恰似一江春水向东流"，还真应了那句"少年不知愁滋味"。我还喜欢辛弃疾的《青玉案·元夕》，几年前在开封的清明上河园里听到这首词时泪流不止，这才意识到近半百的身躯里一直装着少年的心！当年韩老师说我是个多愁善感的大女生，他还是很有眼光的！他是我"文选与写作"课的老师，今天我对文字的敏感就来自他当年的启蒙和教化！

一个人的生命成长、生命体悟融入教育遐想，酿成教育的长短诗行！一个人的情感有多充沛和丰盈，他的灵魂就有多坦荡和善良，与这样的人相遇，仿佛感受到世间的雨露阳光！

遇见了，就是幸运！

生活在诗意人生

或许还可以客厅里、窗台上，种下各种自己喜欢的盆栽，种下一季的景色，也种下对生活的向往。

　　　　　　　　　　　　——《每个人心中都有一方院子》

阅读到底会经历什么

今天你阅读了吗？别犹豫，每个人每天都在阅读。

其实现代人无时无刻不在阅读，不论是电子书还是纸质书，不论是短文还是长篇，不论是自媒体还是官方网站。这里我们暂且放大阅读的内涵和外延，通过这种零散碎片式或整合部头式的体验，来体会阅读会给一个人带来了怎样的心路历程和独特感悟。阅读是极具个性化的行为或体验，正所谓"一千个读者就有一千个哈姆雷特"。关于阅读，每个人的体验或感受可能千差万别，但相同的是我们都在通过文字、图画、照片、表格等不同的符号阅读自己、阅读他人、阅读社会、阅读世界。有人说，阅读是见自己、见众生、见天地，这确实是阅读的几个境界或格局。那么我的阅读之旅是怎样的？我经历了什么？听到了什么？看到了什么？想到了什么？收获到什么？

阅读给了我生活中的不可遇见

阅读是为了遇见我想遇见的人或事。杨绛说：读书就好比是"隐身串门"，"要参见钦佩的老师或拜谒有名的学者，不必事前打招呼求见，也不怕搅扰主人，翻开书面就闯进大门，翻过几页就登堂入室；而且可以经常去，时刻去，如果不得要领，还可以不辞而别，或另请高明，和他对质"。多么美妙而不可思议的遇见！开启一场与内心对话的旅程，听优秀的人谈世界，借着他们的肩膀翻越高峰，抵达山顶，领会豁然开朗的心境。在我们的心中，古希腊先哲总是以浮雕或名言作者的形式出现，我断断续续读完柏拉图的《苏格拉底的申辩》后，虽不能说完全读懂，但笃信了那场著名的申辩流传下来的伟大意义——让无数的人又一次重新审视自己，知道如何诚实地认识和对待自己；承认无知才能开启智慧的大门；相信了这个世界上有"朝闻道夕死可矣"的大勇者，为理想献身，用看似疯狂的行动实践着"一个未曾审察的生活是不值得过的生活"。

现实生活的制约决定了我们有太多的不可遇见，但通过阅读能遇见。今天人们读庄子以致形成"庄子热"，其实是在追求现代社会需要的"优雅"和"松弛感"。"人生缘何不快乐，只因未读苏东坡"，有人甚至说，每个中国人心里都有一个苏东坡，只因为他一生豁达，把别人眼中的苟且活成了自己的潇洒人生。这样的人生导师在生活中不可遇见，但通过阅读可以。

阅读给了我眼睛到不了的去处

眼睛到不了的地方，文字可以。多么充满魅力的语言！假期里，我用4天的时间读完了迟子建的《额尔古纳河右岸》。读它的原因之一是董宇辉的推荐，他曾说过："如果我将《额尔古纳河右岸》卖到了150万册，那么将来一定要在自己的墓碑上写上自己将一本茅盾文学奖的书卖到了150万册。"我决定助他一臂之力！小说中的句子描写十分出彩，迟子建的生命本质观也很独特——有人生，就有人死。读它的原因之二是以我有限的生活经历无法接触那个神秘的鄂温克族的历史、人物和生活，我就决定读它了。小说有点难读，因为名字很多很长，并且不容易记住。有点悲伤，因为人不停地在死。有点震撼，因为闭上眼睛就仿佛听到了河流的哗哗声、驯鹿的走路声。

很多年前读很厚很厚的《穆斯林的葬礼》时，我到了吃饭都停不下来的地步。六十年里"玉器梁"三代人的爱恨和沉浮故事让我唏嘘不已，他们经历了文化冲突和时代变迁，经历了荣耀、跌落、欢喜、离散……《穆斯林的葬礼》中有句话："人生的舞台上，悲剧、喜剧，喜剧、悲剧，轮番演出，不舍昼夜，无尽无休……"看了故事中的得失无常、关系无常、爱情无常等，感到面对人生无常才是人终其一生都要努力修行的内容。这也是现实生活中没有的经历和体验，多么令人向往和沉醉！

难怪演员说起自己职业的最大收获，众口一词——沉浸和体验不同的人生！

阅读给了我表达不了的言语

有一种说法是当你讲不出、讲不清、讲不透的时候，你就应该读书了。生活或工作中经常有这样的情形。今天我们表达思念之情，会吟诵"海上生明月，天涯共此时"；昨晚路过江滩，心愿墙上那句"在月下，想念和相思不必跋山涉水"着实让人怦然心动；疫情时来自国外的援助中，"青山一道同云雨，明月何曾是两乡"表达的是虽然不在同一个地方，未享同一片山川，但我们抬头时，看到的是同一轮明月。文学作品中很多的人物、景物、心理描写，短短一句，就能看出功夫的高下。还是在《额尔古纳河右岸》里，小达西面对母亲的白发，说了一句："你头上盖着雪，你不冷吗？"头上盖着雪，也只有孩子能说出这样清澈纯真的话语了！当时看到这里，我不由得为迟子建的文笔赞叹不已！这让我想起余华《活着》中的那句话："月光照在路上，像是洒满了盐。"这句话淋漓尽致地表达出失去亲人的绝望和痛苦。

我们阅读过很多书，但大部分都会被我们忘记，那么阅读的意义到底是什么？或者说我们为什么还要阅读？我想当我们还是小孩子的时候，吃过的很多食物现在早已不再记得，但可以肯定的是它们中的一部分已经长成了我们的骨头和血肉。同样，人的精神成长不也是如此吗？

或许阅读还不能解决现实中的问题，但它能给予我们前行的动力。在琐碎的日常里，阅读可能带给了我们不断向上的成长；在一地鸡毛的日子里，阅读可能带给了我们工作或生活的意义。阅读还有许多的可能……

相信阅读，一场场人与书的双向奔赴，会给我们一个更开阔、更值得的人生和未来！

阅读在网络

曾几何时，网络阅读和纸质阅读成了一场战争的双方，好像是一对水火不容的对手。但在我看来，两者只在阅读的介质上有区别，阅读的本质相通。从我个人的阅读经历来看，纸质阅读是"慢阅读"，它讲究涵泳、品味、欣赏；而网络阅读是"鲜阅读"，它的时效性、新鲜度、互动性是纸质阅读所不可及的。两者互不相同，但可互为补充，相得益彰。

网站——让我的阅读视界豁然开阔

1995 年，学校引进网络，一个偌大的电脑教室只有两台主机可以上网。全校近百名教师排着队上网查资料、听歌曲、玩在线斗地主，只记得网速像蜗牛一样慢，但大家乐此不疲，享受着网络带来的新鲜感。因住在学校，我能在大家都下班后"潜入"电脑室，"霸占"其中一台电脑。从学习 Authorware 到 PowerPoint，全无计算机基础的我通过从网络上获取技能、与同事讨论、请老师指导，学会了这两种多媒体课件制作软件。一年后，我家也配置了电脑，楼上楼下三家共用一个路由器上网，速度快了许多。记不清有多少个夜深人静的时刻，我快乐地畅游在网络中。那时，没什么特定的目的，新闻资讯、教育动态、人间百味，网络好像一本活色生香的大型《读者》杂志，让我痴迷，让我留恋。

网络让我实现了许多个第一：学校第一个学会用五笔输入法的老师、第一个在学校读书会上交流网络作品的老师、第一个实现家庭上网的老师。记得新课程改革如火如荼时，关于阅读的多元价值取向问题让学校语文老师迷失了方向，一时间对于课堂上学生对文本主旨的认识和解读只能认可，不可否定和引导。直到看到网上《乌鸦与狐狸》的片段案例，我才深受启发：

师：学了这篇课文，你有什么收获？

生：我知道了不要轻易相信别人的话，要不就上当了。

生：我觉得狐狸很聪明，它不费什么劲儿就得到了肉。

师：那狐狸获得食物付出劳动了吗？

生：没有！

师：不付出劳动而获得叫不劳而获，这不叫聪明，叫狡猾。

于是我在教研活动中，用这个案例表达了我尊重学生对文本的多元解读，但更要加以引导和纠正的观点。近二十年过去了，老同事们谈起这个话题时还对这个案例记忆犹新。其实是网络学习让我开阔了视野，引来了源头活水。

博客——让我与许多偶像零距离互动

登录博客阅读博文是我网络阅读的重要形式。我的电脑收藏夹里收藏着许多全国、本省著名特级教师的博客。"玫瑰小语"是窦桂梅老师的博客，她的课堂激情四射，爽朗，文字耐人寻味，充满睿智。薛法根的博客一如他本人，朴实到连名称都直接用他的姓名。他洋洋洒洒地写教学心得、写治校经验、写工作困惑，每篇博文都引来众多的粉丝跟帖、互动，我也时常表达自己对大师的仰慕和尊重。最有趣的是蒋军晶的博客，从博客名称和内容上看，一定有一个幕后操盘手在帮他打理。TA是谁？我们好多网友猜，是他的爱人的可能性很大。那么多的教学案例、教学比较、心有所悟，悉数收藏，如果真是这样，蒋老师和他的她可谓比翼双飞。"沧海一声笑"是不是让你心生侠士情怀？书生气质下的一腔教育豪情和浪漫，是武昌实验小学张基广校长的博客给我留下的深刻印象。

有人说，这些教育教学大家都有专著，读专著不就好了吗？但昨夜他们思绪涌动写下的文字在博客上新鲜出炉，第二天你第一时间先读为快，仿佛间你与名师面对面，听见了他的呼吸，看见了他的思考，那种快感是无法比拟的。

微信——让我第一时间领略教育风向

微信的出现让大家互动更快捷，关系更亲密了。有同事乐于与人分享，把自己的阅读精华发布在微信朋友圈里，我就免去了筛选过滤的辛劳，第一时间获得资讯，将其融入思考中。就在之前，我还在每天等候隔天到达的纸质报纸，每半月收到数十天前编辑好的杂志，信息总是慢几拍。年后，朋友给我推荐《中国教育报》等开通的微信公众号，于是每天上午我便可以在手机上轻松地浏览教育前沿信息，虽说栏目不如纸质的多，但篇篇精华，值得思考。这里有《百家》，可以聆听陶西平、杨东平、俞敏洪、于漪、李肇星等大家对于教育的真知灼见；这里有《特别关注》，可以关注两会中教育的最新态势和政策以及每个人心中都有一个"逸夫楼"、翻转课堂和生成课堂等话题；这里有《深呼吸》，可以关注未来的教室和教师、可能会改变未来教育的十二项新技术、为人师者到底应该读哪些书等引发思考的问题；这里有《教师保健》，可以告诉大家冬季养生的秘籍、缓解疲劳的妙招，小编还会经常发布征集类似"您的开学第一课打算怎么上？"的经验和做法的信息来增强互动性。

古人的"秀才不出门，便知天下事"，在今天早已变成现实。一机在手，便可洞悉世界。在这个变化万千的时代里，作为现代教师，你在"日理万机"时要学会"鲜阅读"，最快地获得新资讯；而你"偶有闲暇"时，则可以"慢阅读"，手捧一书，沉入其中……

生命的沉湖

新年后的第一场雪就这样纷纷扬扬地来了。

天色已晚。站在这漫天大雪中，听见簌簌的落雪声，我却在想着那湖边的落雪景象。雪花随风飘落，落在水面上，一会儿便成为湖水的一部分；雪花随风飘落，落在湖面的草丛中，一会儿工夫便染白了湖边，落雪的湖边实在是一幅美妙的冬景图。

落雪的湖景虽好看，但我更钟情于未落雪时静寂的湖底。安宁、静谧的一个处所，是个能思考、能静心、能自处的好地方。湖面喧嚣、热闹，似乎是一个人所处的现实世界；而沉湖的深处，一定是人的精神世界，是人的心灵深处。一个人也应像湖一样，不仅要有自己的现实生活，更要经营好自己的精神世界。

读过一段话，意思是说，一个人的现实生活就像客厅，忙碌外显，光鲜在表面，但人生不能只有客厅，还要有一间地下室，可以安静地过自己的精神生活。

新家装修，我总要有个相对安静的空间做书房。从当时客厅的"角落书房"到"卧室书房""阳台书房"，到今天有个相对宽敞、采光好，景色也不错的真正"半间书房"，不需要有多大，不需要刻意去装饰，只要有书桌、书柜即可。阳光相对充足，能看完书中世界，还能看看自然景观，就好！

对于书房的执念，一如我喜欢冬天里的"沉湖"生活。

冬读自有一番滋味。冬日昼短夜长，心静气爽，正是读书的好时机。寒冷的夜，钻进温暖的被窝，就着橘黄色的灯光，手捧一本自己最喜欢的书，流连忘返，陶醉于书香中，冬夜便不再寂寞。冬夜里，拥被而坐，就着床头台灯圆圆的光圈，无声无息，那种深沉的情调在书本中扩展开去，夜便有了一种体贴和憧憬。

冬天来临时，我总是习惯从书店抱回来一大堆书，利用冬天为自己"进补"。冬夜，心是自由的，思想也是自由的，读庄子老子，品唐诗宋词，看古今杂文，随意拿起一本，都可以进入其精神世界里遨游。其实现在想起来，记住了多少，用到了多少，也无法计数。有些书不好读或者读不好，放下了就再也拿不起，也不纠结。但可以肯定的是，这种习惯已成为我的生活方式或者说生活态度。读杂书的感觉不错，随手随意，有时就靠书与自己的缘分。在某个时刻相遇相识，就和作者在某个问题或情境里有了共同的感悟或话题，他说了我想说的话，甚至比我自己说得更清楚、更准确，这就有种偶遇知己的快感。

思考也是美妙的。冬夜是寂静的，让我能够更加投入，沉下心来，细嚼慢咽书中的文字。冬夜营造的那种读书心境，以及那种独立于尘世之外的自我满足，能够使我忘掉生活中的不快和烦恼，减缓对功利的奢求。

我很爱暖色调的灯光。尤其是冬天到了，"围炉夜思"是一种难得的享受，而这种享受，往往不是在书房而是在床上、枕边。有时，自己有种错觉，这个安静的世界是属于我一个人的。读是随心所欲，思是天马行空，自由自在是此时的身心快感。

书香迷人，文字散发出令人沉静的气息，勾起阅读的欲望，让我产生无限的遐想。书香暖身，任由思想在梦幻中尽情地舒展。

沉入湖的最深处，或许有些寂寞，但一定会比在湖面看得清、想得深。对学习、对工作、对生活而言，人需要行动，更需要思考、沉潜。

很多年了，我习惯熬夜，不愿意早睡。

今天想来，我一直有一种自己的"沉湖"生活！

每个人心中都有一方院子

秋日里，窗外桂花一夜绽放，暗香浮动。秋雨中，几许桂花飘落如雨，点染小院。飘窗之外，看花开花落，岁月更替；飘窗之内，过日常生活，灯火阑珊。

假日里，我很爱坐在飘窗前，从早到晚，看看书，写写字，听听歌，看日光渐渐拉长，看日影渐渐昏黄，恍惚之间好像回到从前。安静地窝在角落里，不冷不热，阳光雨水交替上场，仿佛四季轮回，阴晴圆缺，秋日里最真实的样子却有着诗一般的写意。

一方院子，锁住生活。其实每个人的童年里都有自己的一方院子，不管是农村老家里的那个小院，还是城市中群居的那个大院，都有我们小时候的嬉闹玩乐，有我们年少时的倚门回首。长大后回乡寻访，发现当年和小伙伴们疯跑的街道不见了，街角的新华书店不见了，认识的人越来越少了，小院成了我们回不去的故乡。如今集体楼房代替了一户一院，但清秋时节，走进自然，不管是公园还是花园，即使是门前街角，你也会发现，自己拥有了一个更大的院子。繁华之外，贴近自然，回归自己——这里有落叶、蛰虫、宿雨，这里也有烟火、炊烟、呼唤……

一方院子，锁住向往。木心说："现代人住的那种房子，一人一套，平安富足地苦度光阴。"先生所言，一语中的。城市里每个人生活的格子总是太小，生活空间的逼仄一定会带来心灵的局促。如果每个人心中都有一方院子，那不妨清理下阳台，把花盆里的杂草除掉，松土，平整，播下美丽花草的种子，静待发芽，种下希望；或许还可以在客厅里、窗台上，种下各种自己喜欢的盆栽，种下一季的景色，也种下对生活的向往。

一方院子有多大？能让人享受时间的自由和宁静，抛开喧嚣和烦扰的地方，就是自己的一方院子。不论是阳台还是窗台，一方院子，都让我们放慢脚步。亲手打理的每一寸土、每一棵草、每一朵花，不言不语，但都充满情意。即使遇一场风雨，也能看它散落，看它溅起，看它打落秋叶，看它滴入掌心……

多好啊，叶落花开时放下现实，春花秋月中得以释怀，诗情画意里缓解压力。茫茫天地间，只愿有一方小院！

多好啊，一双手，一颗心，一段时光，每一个人都能拥有一方院子的诗意生活！

晶莹的冰花，浪漫的小年

全城等雪……

天气预报说雪雪雪好几天了，可是武汉没等到雪，却等来了冻雨。

晒不了雪景，那就晒冰吧。今天的朋友圈被"武汉冰挂"刷了屏，树梢、叶片、花瓣、灯笼，甚至共享单车、建筑物栏杆上，都是晶莹剔透的冰挂。

上午雨大，城内交通拥挤，我这种车技一般者必须全神贯注，无法分心去寻找。我心里一直嘀咕，朋友圈也如此"卷"吗，自然景观也修图？晒出的冰花、冰挂在哪里呢？

下午，去了城郊开阔地带。沿途公园里、车道旁，所有树枝仿佛身披晶莹剔透的外衣，亮光闪闪，有"千树万树梨花开"的意味。细枝的樱花根根玲珑剔透，常青的香樟片片冰雪透亮，傲霜的茶花瓣瓣粉中带着澄明，斗雪的蜡梅通体发光，恍若《冰雪奇缘》中的世界！

一场冻雨，让武汉成为一个童话般的存在！

一时兴起，约朋友去走走！无风，但寒气逼人。四季各美其美，我挺喜欢冬天，冷风冷雨让人保持清醒，神清气爽！而待在暖气房内容易让人心生倦怠，打不起精神！

小花园人少，是散步的好去处。沿途，只听到我们的脚步声和呼吸声，偶尔传来冰花、冰挂掉落地面的声音，一切都静下来。我们约定：不说话，不交流。于是，调动五感，全心投入，眼中的一切被冻雨"亲吻"，精神焕发。被冰冻住的花草树木在那一刻仿佛参透了永恒。有什么办法能让一切美好封存、定格？大自然给出了美丽浪漫的方案。我边走边奢想，如果这会儿来点阳光，那该是多么奇妙！

神奇的冰冻，让人内心满是欢喜。

一夜过后，院子里的小葱霜冻结冰，地里仿佛长出成排的"冰花"，我心里在思忖：这种冰花难道是传说中的"鲁冰花"吗？真是天赐良机，没等来纷纷扬扬的雪花，却让雨水在降落的那一刻，以晶莹剔透的身姿定格在天地间，定格在万物上！

"一九二九不出手，三九四九冰上走"，"四九"果然兢兢业业。朋友说，小年里遇上美景真是美好！我这才想起今天腊月二十三，是小年。不是也有二十四过小年的说法吗？我俩异口同声：今天明天，都是小年！瞧瞧这心有灵犀的样儿！

走下山坡，遇见家长带小朋友来看冰花。父子间的对话很有趣。"爸爸，这亮晶晶的是什么？""是冰花。""那是把花放在冰里呢？还是在冰里放上花呢？"看，一场关于"冰"的奇妙探秘之旅就在父子的对话中拉开了帷幕。我俩"职业病"瞬间附身，连声称赞："选择今天来看冰花，家长有眼光，孩子有大见识！"语言略显夸张，但表达的是内心的喜悦。冰是大自然给予我们的美丽馈赠！今天的郊外，处处都是人文课堂、科学课堂和美育课堂。

车上，我俩继续聊冰与水。如果说冰是睡着的水，那水就是醒了的冰。冰如果睡着了，睡得很香很甜，就成了凝固的诗。如此解读，何等浪漫，冬天显得何等美好！

路边灯柱上的大红灯笼已高高挂起，在晶莹剔透的世界里显得那样热闹，喜气洋洋！

晶莹的冰花遇上浪漫的小年，恰合适！

你是我的眼

你是我的眼，带我领略四季的变换；

你是我的眼，带我穿越拥挤的人潮；

你是我的眼，带我阅读浩瀚的书海；

因为你是我的眼，

让我看见这世界就在我眼前，

就在我眼前！

——《你是我的眼》

或许是我对音乐天生迟钝的缘故，说实话，这首歌的前半部分我真不知道要表达什么，但这一部分歌词和旋律那么入耳乃至入心，想来想去，原因是我灵魂出窍了。谁是我的眼？谁带我领略四季的变换，穿越拥挤的人潮，让我看见这世界就在我眼前？当然是书哪！

"你是我的眼，带我领略世界的美丽变换"

人的一生是短暂的、有限的，但读书是纵横万里的旅行。旅途中，有"北国风光，千里冰封，万里雪飘"的磅礴，也有"欲把西湖比西子，浓妆淡抹总相宜"的恬美；有烽烟滚滚、杀气冲天的战场，也有温婉清逸、细致美妙的水乡；有光怪陆离的天庭地府，也有平实恬淡的世外桃源；有各种各样的奇珍异宝，也有复杂多变的人生体验。

"采菊东篱下，悠然见南山"，是隐逸生活的韵味所在；"黄河远上白云间，一片孤城万仞山"，是惊心动魄的壮观所在；"日照香炉生紫烟，遥看瀑布挂前川"，是自然景观的磅礴所在……

小时候，我很希望拥有阿童木的神力，能够上天入海。现在想想，有了这双眼，不就有这种本领了吗！在书海中，我可以看醉人的风景，领略世界的美丽变换。

"你是我的眼，带我阅读英雄的是非成败"

我虽是女儿身，但心中一直有男儿情愫，尤其是英雄情结。"书中自有英雄在"，那些简单却奇妙的文字是英雄的血、英雄的泪。一曲"滚滚长江东逝水，浪花淘尽英雄"写尽了云长的忠义，写尽了周郎的雄姿，写尽了子龙的勇武，也写尽了魏武的气魄……还有那个号称"卧龙"的千古名相，他的谋略、他的忠义、他的赤诚，为我们展现了三国时代的风云变幻。空城计闪耀着他的智慧之光，接受托孤展示着他的臣子肝胆，《出师表》更是他的千古绝唱。他的一生是辉煌的，尽管我们看到的是"出师未捷身先死，长使英雄泪满襟"。我很荣幸能出生于他当年躬耕农亩的地方，那片茂密而幽静的山林，已然成为天下文人心中的朝圣之地。

《水浒传》乘风破浪，《西游记》降妖伏魔……叱咤风云的英雄人物，荡气回肠的故事情节，让人不由得感叹：人间一股英雄气在纵横驰骋！

"你是我的眼，带我直抵心灵的澎湃"

作为普通人，我们的经历经验很有限，因此对于人的理解很肤浅。借助这双眼，我们既可以看到人性的丑恶，还能感受到人性的光辉。

很早就读海明威的小说。那个独自在湾流里的小船上打鱼的老头儿，哪里都显得老迈，除了那双眼啊，愉快的、毫不沮丧的眼，跟海水一样蓝。老人最终只是拖回了一个大马林鱼的骨架，但谁能因此说他"赢者无所得"呢？人性的顽强在海明威的笔下展现得淋漓尽致。当我们离开海边，回到现实中时，我们惊奇地发现"老人与海"也正在现实生活中上演。

"你以为我穷，不好看，就没有感情吗？我也会的，如果上帝赐予我财富和美貌，我一定要使你难于离开我，就像我现在难于离开你。上帝没有这样！我们的精神是同等的，就如同你跟我经过坟墓，将同样地站在上帝面前。"二十年过去了，这个声音仿佛还在耳边。上师范了，当其他女生狂恋琼瑶小说时，我无比投入地走近了这个为人的精神平等辩护的小女人——简·爱。时至今天，我觉得简·爱离我们似乎更加遥远了。当所有的人都在追求金钱和地位的时候，谁还在意人的精神的自由、平等和尊严？这个小女人让我们照见了自己内心的怯懦和丑陋。人啊，还是应该葆有一份自我的精神坚守。

最近读《美国语文》一书，里面的选文虽不见得都是有代表性的作品，但大多都有一种直抵人心的力量，让我惊叹：杰克·伦敦的《生火》中，在零下七十度的情况下，那个冒险者的心路历程如此入木三分；《一场瓦格纳作品音乐会》中，那个为心爱的人远离城市三十年的拓荒者农妇在听到自己熟悉的音乐后产生的巨大情感冲击，令人感慨；《密西西比河上的生活》中，那个男孩从小对蒸汽船员的向往，让人动容。

感谢歌词作者，让我心生感慨，于是贸然改之：

你是我的眼，带我领略世界的美丽变换；

你是我的眼，带我阅读英雄的是非成败；

你是我的眼，带我直抵心灵的澎湃；

因为你是我的眼，

让我看见这世界就在我眼前，

就在我眼前！

发现我们的心灵

　　一袭黑裙，朴素端庄，举手投足，优雅从容。今晚，在偌大的洪山礼堂里，于丹以清脆的声音，一如既往地用故事诠释着她对经典、对心灵、对人生的感悟。

　　人有时候还真怪！不知在百家讲坛听过她多少次的演讲，也不知把她的《于丹〈论语〉心得》读过多少次，但我仍有一种强烈的愿望：在现场听她演讲，近距离感受这样一个非凡女子。

　　今晚，于丹在我的眼里鲜活起来。

　　听得出她的疲倦，一大段话之后的喘息声那样清晰；看得出她的厚重，引经据典，滔滔不绝；悟得出她对人生、对幸福、对心灵的独特解读……

　　确切地讲，听于丹演讲是感受一种沉静的力量！听着听着，你会自觉地静静思考，默默比照。于是，今晚的洪山礼堂宁静但思绪涌动。我有几点感受，不吐不快。

　　关于学习——学习的目的是什么？答案应该是不言而喻的。但于丹用一个典故"鲲鹏"讲述厚积与薄发之间的关系。做学生是这样，要在学校这池水中把自己养大，养成"鲲"，才能成为展翅高飞的"鹏"。其实做任何工作，都是这样。同去听演讲的儿子对这个故事很感兴趣，我相信，今晚的演讲让他对学习、对人生的积淀有了新的憧憬。

　　关于社会——"一半用脑子生活，一半用心灵建构"，这是于丹对学生的忠告，但也适用于现在所有的职场中人。用聪明、智慧工作，让工作表现优秀，才能规避风险；用精神、经典养心，"能近取譬"，才能滋养内心。不拒绝潮流，但要保持根性。"法无定法""融会贯通""勿意、勿必、勿固、勿我"，简约但内涵丰厚，经她的解读，我仿佛豁然开朗。人生、社会早在几千年前就被先哲们看了个"明明白白"，他们如此"通透"地勾画出了人生的要义。我想起"大道至简""大美无言"，不需要复杂晦涩的理论，先哲的思想朴素而实用！

关于心灵——于丹开篇就讲，读书向外是发现世界，向内是发现内心。一个人向外发现有多远，向内发现就有多深。中国人讲究心灵修养，培养自己的大胸怀，修炼自己的大品格，才能形成自己的大格局。这样，才会每临大事而从容，处变不惊，淡定宁静。

今晚，这个衣着朴素的女子用她的宁静、自然、淡定告诉在场的所有人：发现自己的心灵，我们将拥有幸福！

哭吧，哭吧，不是罪

——观电影《唐山大地震》所感

早就从宣传报道中得知，《唐山大地震》太悲情了！哭好像已经成了看这部电影的必修课。对于我这样一个高度感性的人来说，观影结果是可想而知的。

座无虚席的电影院里，一开始很安静。新唐山的美好让大家心情格外明朗。这是一个在地图上重新站起来的凤凰之城，因此，看到这座城市的美好时我的心里格外感动。时间定格在 1976 年 7 月 28 日的下午，故事从一个普通工人方大强的家庭生活开始。他们拥有一双龙凤胎儿女，聪明可爱；他们夫妻感情深厚，在物质生活相对贫乏的二十世纪七十年代过着超越时代的幸福生活；他们工作积极、邻里相处和谐……我们有无数的理由相信，这是一个会一直幸福和美好下去的普通家庭。

然而就在那短短的 23 秒里，天崩地裂，所有的一切都不可想象地发生了。家园不在，亲人生死两隔，哭声、喊声、房屋倒塌声混杂在黑暗的唐山上空。巨型荧幕上触目惊心的废墟、惊恐无助的眼神都让人不寒而栗。画面和镜头给我们带来震撼人心的细节，也给了我们踏入历史的错觉。大强和元妮拼命地冲向自家房屋去救一双儿女，在屋子轰然倒塌的一瞬间，大强一把推开了妻子，自己被埋进废墟之中。之后的三十多年里，"不是没人要"的元妮一直守着大强的遗像度过。儿子一直很不解，元妮淡淡地说："还有哪个男人会用自己的命对我好？"于是，她平淡孤独地过着、守着，从没想过"要过得花红柳绿"。这一份执着和坚守，让人动容。

无论在何时，人性和道德永远是高高飘扬的旗帜。

元妮，这是个了不起的女人。在一双儿女只能救一个的生死抉择之际，她无奈选择了救儿子。但就是这一句"救弟弟"，让尔后幸存的大女儿恨了她三十二年。每年女儿的"祭日"，她都会带着儿子在老家的位置念念有词："我们搬家了，记得路啊。"每个新学期，儿子有新书，她一定会为女儿买上一套，放在女儿的墓碑前。有了出息的儿子要为她买新房，她死活不肯，说"你爸和你姐要是回来就不认识路了"……有谁能了解这位母亲的苦啊。人的一生有几个三十二年啊，而她的三十二年就在思念和祈祷中度过。电影对这些细节的真实刻画，每每让人潸然泪下。

眼泪夺眶而出，恣意流淌是在故事结束之前。三十二年都没找母亲的大女儿在汶川大地震救护工作中巧遇了弟弟，回到了母亲身边。她听说了母亲三十二年的经历后，痛哭不止，不住地对母亲说：

"妈，对不起！"

"妈，我对不起你。"

"妈，是我折磨了你三十二年！"

母女俩抱头痛哭的场景让观众无不泪流满面。一直自称"男儿有泪不轻弹"的儿子，不停地喝水，小声地抽泣。王菲空灵的歌声响起时，电影院灯光缓缓亮起，人群中没有交流声，大家只是默默地注视着荧幕上一排排遇难者的姓名墙。

唐山地震是一个国家的伤痛，但它更是每个唐山人无法治愈的伤痛。冯小刚这句话说得好："城市可以再建，废墟可以清理，但更重要的是要抚平人内心的创伤。"

过去了的这场灾难，我们有必要用各种方式——电影、音乐、书籍等，把它写下来，但并不只是把它作为一个编年史，而要显示人们在当时不得不做什么；也要告诉人们能从灾难中学到什么、应该记住什么，让人知道内心值得赞赏的东西总归要比应该唾弃的东西多。否则，我们就白白地经历这一场灾难了。

哭吧，为大自然的无情灾难；哭吧，为在灾难面前勇敢生活的人们；哭吧，更为今天我们重温历史时的种种感动和铭记于心。

意外，即陌生中的熟悉感

　　一部动画影片，一部以唐诗为主题的动画影片，受众应该是谁？答案不言而喻。但我走进电影院，发现观众从几岁到几十岁均有，形成了一家三口四口、夫妻情侣、同学朋友等各种组合形式。午后一点多的影厅居然满座，这部电影，难道老少咸宜？

　　人们对事物的期待总是会先入为主。诸多影评中的热评"一言不合就吟诗""这是一个诗歌的时代"都是真实的写照和反映。唐朝，那是中国诗歌的盛世王朝和黄金时代。动画巧妙地用魔幻技术再造了盛唐的恢宏壮观和诗风画韵！两个多小时里，小朋友时不时为人物的滑稽哄笑；大朋友惊叹于场景的美妙绝伦、诗意荡漾，或剧情的跌宕起伏、扣人心弦……好像每个人都在电影中找到了自己熟悉或向往的人、事、物和境，于是惊喜和意外便产生了！

　　"襄阳入镜"——李白要入赘安陆许家，以期改变身份，实现仕途理想，他来到朋友孟浩然居住的"人间仙境"襄阳鹿门山。画面定格在那灵秀翠绿的山林深处，"襄阳"二字格外醒目。那是我的家乡，一个盛产诗人和诗歌的地方。孟浩然的一曲《春晓》震动了盛唐的诗坛，王维的"襄阳好风日，留醉与山翁"、杜审言的"楚山横地出，汉水接天回"都是大唐流行语。据了解，《全唐诗》收录的近5万首诗歌有3000多首与襄阳有关，《唐诗三百首》中与襄阳相关的诗歌多达27首。历代到过襄阳的诗人更是数不胜数，他们留下的吟咏襄阳的诗词不计其数。唐朝时，多少诗人曾云游这座古城，拜亲访友，徜徉山水，寄托情思啊。大唐时代襄阳人的朋友圈可谓"谈笑有鸿儒，往来皆诗人"。

"安陆十年"——安陆是我从武汉回襄阳的必经之地，白兆山边的巨型雕塑"一只紧握毛笔的手"成为诗仙故里的象征。一个崇尚自由、追求天性的人为了理想抱负选择入赘，其中有多少无奈和挣扎。屏幕中，他一路狂奔，追赶好友孟浩然，追问"当否"。从中可以窥见他内心的不甘、纠结、犹豫和彷徨，"天生我材必有用"的自命不凡在残酷的现实面前被击打，粉碎一地。影片中没有出现《黄鹤楼送孟浩然之广陵》里的诗句"孤帆远影碧空尽，唯见长江天际流"，但在每个观影者心中，那个送别的场景、那个失落的身影都挥之不去。

"几度黄鹤楼"——影片中多次出现黄鹤楼、江夏，这是我熟悉的事物和生活工作的地方。关于黄鹤楼有汗牛充栋的诗词歌赋，唯有崔颢的"晴川历历汉阳树，芳草萋萋鹦鹉洲"为武汉人津津乐道。作为江南四大名楼之一，黄鹤楼历来都令文人墨客流连忘返，大唐时尤甚。即使是才情四溢的李白，在诗板前也只能留下"此地有景道不得，崔颢有诗在上头"的一声叹息。"大江大河大武汉"是自然景观，而"黄鹤之乡""知音故里"则赋予这座城市百转千回的诗情画意和深情厚谊！

故事的主角是高适吗？在观影现场，灿若星河的诗人名字每出现一次都会引起骚动。"贺知章""王维""杜甫""丹丘生""李龟年"……这些如雷贯耳的名字以灵动可爱的动画形象出镜了，也出圈了！艺术的目的是什么？不就是入脑入心吗？尤其是创作《将进酒》那段，我自以为它是全片的高潮所在。我以为影片的创作主线是高适，但观众无时无刻不在塑造和丰满天才诗人李白的形象。

影片中最后那些话我记下了，会记很久。"只要那些黄鹤楼的诗在，黄鹤楼就在。""只要诗在、书在，长安就会在。"每个人心中都会有一座黄鹤楼，一座长安城。

老少咸宜的《长安三万里》，做到了让每个人都找到陌生中的熟悉感！

让我们的心柔软

做了母亲后觉得自己变得很敏感，很容易心动。看情感类电视节目时泪水涟涟，会钻进被子哭个痛快；参加婚礼时看到新娘与爸爸妈妈拥抱也会触景生情，鼻子酸酸；甚至有时谈起自己或家人的过去，也会眼睛红红的……

一直在想，是母亲的角色让我的心变得柔软。好感激这个特殊的角色，它让我真切细腻地感受到人世间的喜怒哀乐，体验到人心里最柔软的部分发出的律动。作为老师，我多么希望我的孩子们都会真实表达，都能真情表露，可以伤春悲秋，可以自由挥洒眼泪和笑容。

二十世纪九十年代初，我刚当老师那会儿，学校很流行组织学生到电影院里看电影。十八岁的我带着我的一百零八个学生看电影《妈妈再爱我一次》，我和孩子们一起哭着看完电影。回校的路上，孩子们仍然抑制不住自己的情绪，哭泣着，抽噎着……事隔几十年了，春节前我的第一届学生做了父亲，师生团聚庆祝，还特意谈及那次电影经历。已为人父的他很真诚地说："那时看完电影后，我就知道妈妈带孩子太不容易，我发誓要好好孝敬父母！"我想那个时候任何说教都是空白的、无力的，电影以它独特的形式触及了孩子们内心最柔软的地方，拨动了孩子们情感的心弦。

有时，触及我心底的事情多了，我就爱在班上和孩子们谈我的见闻和感受。下午第一节是道法课，开课时我给孩子们讲了我在电视转播中看到的一个场景："孩子们，大家知道青海玉树发生了大地震。有个场景，看得我喘不过气来：一位女孩，被压在水泥预制板下面，那是一个让人喘不过气来的空间，谢天谢地，那空间竟然还能让那小女孩存活！救援人员用尽各种办法，费尽九牛二虎之力，终于将女孩救了出来！"讲到这里，我让孩子们猜猜小女孩会说什么。孩子们的答案虽五花八门，但都是围绕感谢来说的。

我继续我的讲述："而在救援过程中，女孩清晰地说：'真的谢谢啊，我打扰你们了。谢谢，谢谢，我一辈子都忘不了！'"我让孩子们说说自己的感受，孩子们说：

"没想到她会这样说。"

"没想到她会说打扰大家了，她想到的是别人，不是自己。"

"这个孩子好懂事啊……"

这句感人的话语，这个淳朴有教养的女孩，曾让我热泪盈眶，今天通过我的讲述，孩子们一定会和我一样，仿佛看见了那女孩脸颊上美丽的高原红！

前两天和几个朋友聊天，这些朋友中有人每年总是拿出自己企业的不菲收入去资助学生，资助其完成求学梦想；也有人以家庭的名义，长达数十年地资助一个贫困学校的学生，满足其学习生活的基本需求；更有妈妈们发起"背包计划"，把城市孩子的图书、文具、衣物等源源不断地送到需要帮助的孩子身边，实现物尽其用。

每次和他们聊天，分享着他们的酸甜苦辣，我心中更多的是感动和感恩，内心总是荡漾着人性的纯净和纯粹。他们说最重要的意义就是把自己变得更柔软！

仔细一品，好有智慧啊！

教育不就是最重要的社会事业吗？我们在左冲右突拼命向前时，会变得越来越强势，也会变得越来越坚硬。其实真正要生出智慧来，还要内心越来越柔软才行。什么是变得柔软呢？就是和弱者有更多的共情，你可以感受到他人的痛、他人的苦，你会为他人流泪，你愿意为他人的快乐做些什么。这时候你可以触摸到他、感受到他，也开始真正地了解他；这时候你内心的坚冰就开始融化，那么恭喜你，智慧的种子开始在你心中发芽了。

不论是生活，还是做人，都需要理性，但更要有感性。人啊，能拥有一颗柔软的心多好！

2023，永远铭记的瞬间

或许我这一生都会记住这个日子！2023年4月11日，周二。第一节课后，书记推门进来了，哭着说："涂涂刚才走了！"

生死从来没有像此刻这么真切！我心里再清楚不过这句话的意思，但仍不愿意相信，也没法接受！周六不是还在抢救吗？说好的周一专家会诊呢？走了？再也不回学校了，再也不能说话了，再也不能……

不行，我得去医院看看她。一个月前的周一，紧急转院时她在电话里说："校长，我病了，不好意思，请几天假！"六（4）班的孩子们还在等他们的涂老师呢！我要告诉她，刚结束的谷粒双基达标，六（4）班数学实现全面反超，平均分年级第一呢！争强好胜、不甘落后的她，总说毕业班精神是争一流。

不行，我得去医院找找她。我要告诉她，只要能治疗，每一个小人都是她的家人。老师捐的款不够用，我们发起了面向家长及社会的爱心捐助倡议。涂涂，你的十二届毕业班的学生都在接力，他们的弟弟妹妹的班上也在行动。不到三天，爱心像潮水一样涌来，几十万元啊，你为啥一分钱也不花？谦逊低调，不愿意麻烦别人，你的原则从来不变，即使在生死面前。

"心肌炎，暴发性心肌炎"，随着涂涂的治疗进程，我对它们有了认识。去年新冠病毒感染流行期，她肺部感染导致呼吸困难，住院了，但不到两天就出了院。今天想来应该是留下了后遗症。

三月初的一个周一，我没见她来吃午饭，有老师告诉我说，涂涂周末烧了两天，上午上完课回去休息了。周二早上，小孙（涂涂的丈夫）打来电话说昨晚她紧急入院，这会儿非要自己打电话向我请假。怎么也不敢想象，这是我们的最后一次通话！

一个月里，病情急剧恶化，从入院到离世，她全在抢救室里度过。体外循环机上了，小腿血栓要截肢，脏器大面积感染，医院开出了天价治疗费用。消息传回来，数学组率先行动，第一笔款送达。周末又一次大抢救后，我一边安排工会发布了面向教职工的爱心捐助倡议，一边去区工会申请危重病援助。局领导高度重视，特事特办，申请了绿色通道。同时一小同事、实小同事、本系统的同事，还有涂涂师范学校的同学都通过微信、支付宝将善款和力量送达学校工会！那一两天，看着每天的善款涌来，每个人都充满感动，也充满信心，大家默默地祈祷，涂涂加油！

入院第三周了，几乎每周大抢救一次。因生命体征一直不稳定，会诊的小腿截肢没有做。周一，小孙打来电话说，医生说可以考虑放弃治疗。我半晌说不出话来，最后表达只要家属不放弃，学校一定全力相助。我召开校委扩大会，告知了涂涂的凶险病情及治疗急需，面向家长及社会请求爱心援助的决定全票通过。只一天时间，六个年级，几十个班自发捐款，加油鼓劲、祈祷祝福的话语让人动容。看到几十万元的善款，我内心充满感动和感恩，感动的是一听说学校老师需要帮助，家长朋友慷慨解囊，真心相助；感恩的是我们当以怎样的努力和付出，回报家长对学校的厚爱和对老师的相助啊，无以回报，唯有不负！

第三笔善款到了，但涂涂一分钱没用。她走了，带着所有人对她的不舍和祝福。根据相关法规，面向社会发起的未启用善款将原路返还。我请所有校级干部在家长会上代表学校当面向家长致谢，布置退款工作。我在六年级七个班流了七次泪！这是我当老师三十四年以来从未有过的生命之痛，也是从未体验过的职业之幸。

我对小孙说，学校要给涂涂一个庄重的送别仪式。从殡仪馆回来的路上，我无声地流泪，拟好了送给涂涂的挽联：爱生如子，一颗滚烫父母心；育才如林，满腔赤诚大先生！

送她上山那天，早上五点雷声轰隆，暴雨如注。我起身拿起昨天追悼会上我写给涂涂的悼词，一字一句地读，流泪送别她——涂红玲，一生的好同事、好姐妹。天堂路远，一路走好！

你若安好便是天堂

为什么那个瘦弱的背影总是出现在我的梦里，恍惚间？为什么那个动听的声音总是在我的耳旁回响，出神时？为什么我会一次次地翻看手机里储存的那个名字发呆，直到黑屏？我怎么也不能相信，怎么也找不出理由来说服自己。

这是个让我无法接受的事实！

急匆匆地走在去往天堂路上的你，是我们的才女啊。三年前第一次见你，你知性地侃侃而谈，让在座的评委和学生心随你动。你啊，对自己要求那么高，一节课你得投入自己十二分的脑力、心神和劳力。《二泉映月》的课堂上，你带领孩子们为阿炳的苦难命运感叹唏嘘，在红厅观摩的上百位老师鸦雀无声；《灰椋鸟》一课，你独树一帜的教学设计让老师们叹服，你还代表全组做同课异构的典型发言；《己亥杂诗》的教学，你引经据典，挥洒自如，课堂因你而熠熠生辉。我知道，这都是你晚上读教材、查资料、写心得的结果。

才女啊，如果说做才女很累，天堂的你就做个普通人吧。

急匆匆地走在去往天堂路上的你，是我们的好人啊。你对同事总是一脸温和，轻言细语，是组里的好姐姐；课余你总是一脸担忧地说班上的某个孩子这两天表现反弹了，得找家长沟通沟通；外出开会，单薄的你还记得帮同行的我们买上一份早点，提醒大家早餐很重要。孩子们喜欢你，因为你真心关心、帮助他们，李思旷就曾悄悄告诉我："魏老师真像妈妈。"还记得你第一次带的毕业班上，被你叫作儿子的学生那种幸福和骄傲的神情；那个孩子们在座位上不用起立就能随时回答问题的班级，只有好人才能缔造。

好人啊，天堂里一定有更多的好人与你同行。

急匆匆地走在去往天堂路上的你，是我们的好姐妹啊。去年这个时候，为准备省研讨会，我们十位姐妹在一起讨论研究，你挑起了大梁，担起了重任，展示的舞台上你的发言赢得满堂彩；当我们一起打磨的课堂成功展示时，你用冰凉的手抓住我说，太好了，太好了；午餐时，你提醒我们给还在办公室打印材料的莎莎留饭。那张定格了我们幸福的十人全家福啊，我看了一遍又一遍。你多次和我谈起对高校林立的武昌的向往之情，盼望着在书香四溢的江南有一个新家。可这个愿望实现了呀，妹妹，你怎么可以撒手不要了呢？愿我们来世还能做好姐妹！

或许人世间真是有无穷的烦恼、无尽的苦累，那天堂一定无烦恼，无苦累！

你若安好便是天堂！

后记

被教育照耀的日子

写下这些文字时，农历龙年已隐约传来足音。我常常在想，人没有经历，就像内心没有自留地，没有属于自己内在的力量源泉。那我的源泉在哪里，从哪儿来？准确地说，我是在被教育照耀的日子里，源源不断地获取了前行的信心和力量！

我算是有些经历的人，甚至还可以说丰富。满打满算，我从教有三十五年了。在襄阳和武汉两个城市工作过——襄阳十六年，武汉十九年。多岗位历练过——教师，中层干部，教研员，副校长，校长。职业方向也在不断调整——我牢记职初老校长的话"站讲台，上好课"，于是上各类公开课、研究课、比赛课，走以"上课"立身立教的专业发展路线；做教研员的日子，我走在研究、引领、指导和服务的路上，努力做好"老师的老师"；做副校长、校长后，我开始思考并实践教学管理和学校管理，对于"教学是学校的生命线"有了更为真切和深刻的认知。

三十五年里，我居住在校园，工作在校园，生活在校园，从未离开过校园。校园是我的生活中出现最多的场景；三十五年里，我从未离开过讲台，即使做教研员时，也会每周去学校带教，讲台是我最熟悉的地方；三十五年里，我的朋友主要分为两类人，分别是从各届家长变成的"大朋友"和从各届学生变成的"小朋友"。三十五年的岁月更替、寒来暑往，我的生命早已与学校融为一体。

甚至我的话语体系中表示时间的词语多为寒假、暑假，春季学期、秋季学期；表达的内容无非围绕学校、老师、学生三个维度展开，有课堂，有活动；有好玩有趣味的，有失望留遗憾的，更有成功得喜悦的。

有人说，即使一地鸡毛的日子也值得书写！有一个词叫"敝帚自珍"，此时最能恰当地表达我的内心。这里的文字，承载了我三十五年来对教育生活的个人感悟、对教师生活的真实记录、对学校日常的点滴在心，真实可信，文字也还鲜活；情思兼有，情感也还充盈。

此时，手拿这本书稿，我想起了很多人。

职业生涯中的每一任校长都照耀了我的教育生命。二十世纪八十年代末刚上班时，老校长李新胜像老父亲般地带教，给我下广州、去武汉多地学习、培训和实践的机会，让我接触教育界前沿的理念和技术，助我成为全省电化教育工作的佼佼者。他的创新和实干精神也成为我的精神底色。二十世纪九十年代末，第二任校长、"老大哥"全灵琦给我提供了语文专业发展的至高平台，让我成为全国小学语文学法指导优质课一等奖的得主，也奠定了我语文专业发展的坚实基础。2004年遇到原武汉小学校长、光谷一小创校校长陈道德，他告诉我"一切归零再出发"的道理，鼓励35岁的我又走上省赛赛场，做课题，研课堂，学管理。无论是在工作方面还是在生活方面，他都是我的贵人。2008年起，我和贺清文校长搭班，他的率真务实带出了包括我在内的一大批校级管理干部，更成就了一所响当当的区域名校。

在专业发展和学校管理上，我更有幸地得到多位国内知名专家的学术引领和真诚帮助，与有荣焉。二十世纪九十年代，我作为中央教科所全国小学语文学法指导课题组的实验老师，得到潘自由研究员的亲自指导，他一口浙江奉化口音我听不大懂，但那句"把学法当内容来教"让我记了几十年，今天部编语文教材中语文要素的内容设计也来自他当年的课题研究成果。与我素未谋面的华中师范大学余子侠教授是我本科毕业论文的远程指导老师，他为我修改的毕业论文原文我一直保留着，上面用一红一黑的水笔记录着密密麻麻的修改和指导意见，那句"好好修改，争取发表"给了我极大的教育写作信心。做校长了，我遇到困难和问题时总会找叶显发教授，他学养深厚，率真可爱，有理论高度又有课堂洞察力，无论我在课题研究还是在学校管理上有什么疑惑和要求，他几乎是有问必答、有求必应。今天一小的办学愿景"光耀每一个儿童"是我与华东师范大学胡耀宗教授反复讨论后形成的，胡教授与我是同龄人，但他凭借过人的教育智慧和优雅的学者风范成为我永远的"教育偶像"。

感谢《人民教育》杂志的编辑们给予我的专业引领和现实照亮。从2005年起，赖配根编辑、施久铭编辑、刘群编辑都对我的点滴做法做过具体指导和反复修改，这才有了一些文章的问世和发表，他们是我专业成长路上的引路人和点灯人。

尤其要感谢德高望重的成尚荣先生，他认真通读我的书稿并赐序，让我受宠若惊。先生对教育的热爱、对学问的精进、对后辈的提携，令人敬佩，是我前行路上永远的榜样！

感谢我在光谷工作期间，历任教育局领导对我的关注、关心、帮助和培养，他们于我可谓有再造之恩。明铭局长不仅帮我实现了夫妻团聚和家庭团圆的梦想，还对我有着提携之恩；钱德平局长对我的专业发展给予无微不至的关怀，于我有着教诲之恩；杨志霞局长扶我上马，送了一程又一程，于我有着知遇之恩；向华局长给予我更大的发展平台，并身体力行地保驾护航，于我有着栽培之恩。何其有幸，我在成长路上能遇上他（她）们，当永远感恩，铭记在心！

教育路上的雪泥鸿爪合在一起，我的心里诚惶诚恐。特别感谢诗人校长柳袁照先生给予我莫大的鼓励和鞭策，并给予我精益求精、精雕细琢的专业指导；感谢出版社编辑付出的努力和辛劳，才成就了我人生的第一本书。

在这本书中出现更多的是我教育工作和生活中的同事、家长、伙伴、朋友们，他们永远是教育夜空中的满天星辰，照耀着我；而书中出现的孩子们，无论是在何种场合出现的，我都要感谢他们，因为我笃信"天真烂漫是吾师"。

更有书中没有出现的，但永远印刻在我心里的、我所工作过的学校的领导和老师们，我会用回忆的方式记录下与他们一起体味的教育生活。无论是发生在当下的还是已经过去的，让我们都在脑海中重新来过，体验一种时光倒流的感觉。

被教育照耀的日子，是你我他，是我们满怀着美好的教育理想，热爱着教育的烟火日常，目光坚定、步伐笃定地行走在校园、课堂中。

让我们一起微笑着迎接被教育照耀的日子，或阳光灿烂，或繁星点点……

2024 年除夕夜

记于古城襄阳